GUIDE

PRATIQUE

DE L'ARBITRAGISTE

A l'usage spécial de la Place de Paris

CONTENANT

DES RENSEIGNEMENTS QUI PEUVENT ÊTRE UTILISÉS

SUR LES PLACES ÉTRANGÈRES

PAR

Paul SCHLOSS

TRADUCTION RÉSERVÉE — REPRODUCTION INTERDITE

PARIS

PAUL OLLENDORFF, ÉDITEUR

28 BIS, RUE RICHELIEU

1881

PRÉFACE

« Volui alios non perdere diem. »

En publiant ce modeste recueil, nous avons voulu être utile à toutes les personnes qui s'occupent d'Arbitrages en Fonds Publics ou de négociation de Valeurs Étrangères.

Nous constatons le développement continu des affaires, le rapprochement progressif des distances, et par cela même, la tendance qu'ont les capitaux à chercher des placements à l'Étranger. Nous croyons donc rendre service non seulement à MM. les Arbitragistes, Agents de change, Banquiers, Coulissiers et Employés de Banque, mais aussi aux Capitalistes qui désirent être fixés de suite, sans faire d'études, sur l'équivalent du prix d'une Valeur, en connaissant le cours sur une place étrangère ; aussi espérons-nous trouver un accueil sympathique auprès du public auquel nous nous adressons.

Pour que ce livre réponde à notre intention, il faut qu'il soit de petit volume, commode à emporter à la

Bourse, afin qu'on puisse l'avoir sous la main à tout instant.

Parmi les Valeurs mentionnées dans cet ouvrage, il y en a qui ne sont pas encore cotées à Paris, mais qui, néanmoins, se négocient à la Bourse, et sont classées dans le portefeuille du capitaliste. Cette raison nous a paru suffisante pour en mettre le calcul sous les yeux du public.

Les arbitrages et le classement des valeurs ont été établis de manière que la personne qui se sert de notre recueil puisse faire la parité qu'elle cherche, sans réfléchir et sans perdre de temps : *Time is Money.*

Le public comprendra donc pourquoi nous avons supprimé toutes les explications que nous avons jugées inutiles pour ceux qui ne sont pas entièrement novices dans les affaires de Banque et de Bourse.

Nous avons simplifié le plus possible tous les calculs et, grâce à l'emploi des **changes fixes combinés** auxquels nous avons eu fréquemment recours, nous croyons avoir atteint l'apogée de l'abréviation. C'est peut-être ce que nous reprocheront quelques lecteurs qui auraient désiré avoir plus de détails. A ces lecteurs, nous répondrons qu'ils se méprennent sur le but que nous avons voulu atteindre et qui est le suivant :

« Etre court et précis pour être pratique. »

Les renseignements que nous avons compulsés par le travail de plusieurs années faciliteront la tâche à bien des employés et leur épargneront la peine que nous nous sommes donnée.

Ayant reconnu dans le cours de notre carrière l'utilité d'un tel recueil, nous en avons fait un pour notre propre usage, et nous n'avons pas voulu être le seul à profiter de ce travail.

PAUL SCHLOSS.

Paris, décembre 1880.

N. B. — Nous avons ménagé avec intention quelques espaces libres à chaque paragraphe, afin que les personnes qui désirent ajouter des annotations personnelles ou compléter ce livre selon leur idée puissent le faire.

Le signe — placé au-dessous d'un mot ou d'un chiffre dans les tableaux signifie que ce mot ou ce chiffre doivent être répétés.

Le signe : qui figure aussi dans les tableaux, signifie *divisé par*.

NOTIONS GÉNÉRALES

SUR L'ARBITRAGE EN FONDS PUBLICS

SUIVIES D'UN

Aperçu théorique et pratique sur l'Arbitrage en matières d'or

entre Paris et New-York

Loin de nous l'idée de vouloir faire un traité complet sur l'Arbitrage, car il nous est impossible de prévoir tous les cas qui peuvent se présenter; cependant, il y a des règles qu'il est utile de connaître et que nous indiquons ci-après :

L'Arbitrage doit être fait entre comptes sociaux. De cette manière, on évite la commission; de plus, entre comptes sociaux, on se fait de part et d'autre des avantages que l'on ne s'accorderait certainement pas s'ils n'étaient pas basés sur la réciprocité.

Voici les quatre

PRINCIPAUX CAS GÉNÉRAUX

QUI PEUVENT SE PRÉSENTER DANS LA PRATIQUE

1° **Hausse locale** (venant de Paris).
Il faut, dans ce cas, vendre en avance pour l'étranger.

2° **Hausse extérieure** (venant de l'étranger).
Il faut alors acheter pour l'étranger.

3° **Baisse locale** (venant de Paris).
Il faut, dans ce cas, acheter pour l'étranger.

4° **Baisse extérieure** (venant de l'étranger).
On doit dans ce cas vendre pour l'étranger.

Nous appelons *mouvement local* un mouvement qui a sa source dans la ville même où l'on opère, et qui est produit, soit par un événement politique purement intérieur, soit par la position de la place, etc.

INSTRUCTIONS GÉNÉRALES

Si l'on se trouve dans l'impossibilité de solder une position à la hausse ou à la baisse, ce qui peut avoir lieu si le marché est justement nominal pour la valeur que l'on a à solder, ou, en d'autres mots, qu'il y ait un manque absolu, soit d'acheteurs, soit de vendeurs (selon l'opération que l'on veut faire), on peut alors, pour ne pas rester en spéculation, avoir recours à une valeur similaire. Exemple :

Un correspondant achète de l'Emprunt Oriental; la dépêche annonçant cet achat arrive dans un moment où l'Emprunt Oriental est invendable à un cours raisonnable. Pour ne pas *forcer le marché*, on peut vendre des Roubles par contre, et défaire plus tard sa position, au premier moment favorable.

Des valeurs similaires sont, par exemple :

De la Rente espagnole intérieure 2 $^{o}/_{o}$ et de la Rente espagnole extérieure 2 $^{o}/_{o}$;

De la Rente espagnole intérieure 3 $^{o}/_{o}$ et de la Rente espagnole extérieure 3 $^{o}/_{o}$;

De l'Emprunt russe 5 $^{o}/_{o}$ 1873 et de l'Emprunt russe 5 $^{o}/_{o}$ 1877, etc.

De ces échanges naît un autre genre d'affaires qui présente certainement des risques, mais moins dangereux qu'une position à la hausse ou à la baisse.

Ce genre d'affaires dont nous parlons est l'achat d'une valeur contre la vente d'une autre valeur.

Par exemple : je suis acheteur sur place de Rente Autrichienne or 4 °/₀ au cours de 75 *franco* et vendeur par contre, pour la même liquidation de pareille quantité de Rente Hongroise or, 6 °/₀ à 95 *franco*, soit avec un écart de 20 °/₀, c'est-à-dire que je suis à la baisse de l'écart : je vois la hausse du Florin ou la baisse du Hongrois ; selon mes prévisions, l'écart entre ces deux Fonds devra diminuer.

Pour entreprendre de pareilles combinaisons, il faut être bien au courant de la position de la place et savoir quelles sont les valeurs qui sont *classées*, c'est-à-dire celles sur lesquelles on doit éviter de se mettre à la baisse, et celles qui sont *flottantes*; en d'autres termes, celles sur lesquelles il faut se mettre à la hausse avec prudence.

Comme on a l'habitude à la Bourse d'escompter le résultat de toutes les nouvelles, on ne doit opérer sur des faits accomplis que dans de rares exceptions.

Dans un moment de crise financière ayant son siége sur la place même où l'on opère, il est toujours bon, à moins de faiblesse prononcée à l'extérieur, d'acheter pour vendre à l'étranger. Tout en profitant soi-même de cette opération, on soulage la place en la débarrassant d'une partie du trop-plein des valeurs, et en faisant venir de l'argent de l'étranger (à moins, bien entendu, qu'on ne lève pas les titres achetés).

Avant d'opérer sur une valeur pour une place, on doit se rendre compte de la parité de cette valeur dans les autres villes, afin de s'entourer de toutes les précautions nécessaires et d'abandonner le moins possible au hasard.

L'initiative en arbitrage doit partir de la Bourse qui commence la première, mais encore faut-il que le correspondant ait une base pour opérer. Les places étrangères se servent alors généralement des derniers cours de Paris connus, c'est-à-dire des cours du soir de la veille. Ce système commande une prudence extrême à celui qui télégraphie les cours de la petite Bourse ; il doit signaler à son *partner* les cotes qui lui paraissent exagérées en hausse ou en baisse pour le mettre en garde. Il arrive, en effet, assez souvent que l'on profite du peu d'affaires ou du petit nombre de personnes présentes, pour faire coter des cours de fantaisie à la petite Bourse du soir. Ce fait mérite d'être mentionné.

Les jours de liquidation, l'initiative doit, autant que possible, partir de Paris, car, la liquidation terminée, il se produit presque toujours un mouvement général, soit en hausse, soit en baisse, mouvement que l'on peut mieux juger de près que de loin. Voilà pourquoi les places étrangères doivent s'abstenir de faire de fortes opérations en avance les jours de liquidation à Paris.

L'arbitrage a subi bien des modifications dans les dernières années. Avant, on n'opérait que sur des marges établies ; aujourd'hui, vu la concurrence toujours croissante, on a adopté la méthode allemande dite *tendanciste*, qui consiste à opérer autant sur la tendance que sur la marge. Les grandes marges deviennent de plus en plus rares ; et, comme messieurs les arbitragistes ne veulent pas se reposer pendant six mois de l'année, ils sont obligés de travailler sur de petites marges, en se basant sur les probabilités. Ils font de nombreuses opérations sur de grands chiffres, pour gagner relativement peu.

On ne doit cependant pas forcer les affaires, c'est-à-dire opérer en avance sans marge ou avec une perte établie, à moins que l'on ne veuille *tourner une position* pour éviter les frais de transport, timbre, assurance, ainsi que les risques. Si l'opération en question se liquide par de la perte, cette perte devra être inférieure aux frais que l'on aurait eus à payer dans le cas où la position primitive se serait maintenue.

FRAIS

Nous n'avons pas donné partout le détail des frais, parce qu'ils sont très-incertains et aussi parce que nous aurions été obligé de faire un recueil beaucoup plus volumineux, ce qui aurait supprimé le caractère que nous voulons lui donner. Les frais dépendent entièrement de la qualité des personnes qui font les opérations. En effet, un coulissier faisant un arbitrage **reçoit** le courtage en faisant la contre-partie à Paris, tandis que le banquier **paie** le courtage. En outre, par suite de la concurrence, beaucoup d'affaires se font avec demi-courtage seulement, ou même franco-courtage. Il est vrai de dire qu'en sacrifiant sa commission entièrement ou en partie, le courtier trouve souvent un profit dans le cours qu'il fait en conséquence.

Les maisons qui travaillent en compte social avec des *Coulissiers* à Paris ou des *Jobbers* (quelquefois même des *Brokers*) à Londres, épargnent un courtage, ce qui constitue un grand avantage, le bénéfice qui résulte de ce genre d'affaires n'étant pas toujours en rapport avec les risques courus et le travail occasionné.

DE L'ASSURANCE

L'habitude d'assurer les envois tend à se généraliser, mais n'est pas encore adoptée par toutes les maisons. Celles qui font assurer leurs envois présentent naturellement plus de sécurité à leurs relations, ce qui ne peut que profiter à leur crédit. Il y a cependant des maisons qui s'assurent en elles-mêmes, c'est-à-dire qui ouvrent un compte d'assurance dans leurs livres et qui portent fictivement au crédit de ce compte une certaine somme pour chaque envoi qu'elles font ou qu'elles reçoivent. C'est un système qui supprime les difficultés que l'on peut avoir avec les compagnies d'assurances en cas de perte, mais qui ne doit être employé que par des maisons ayant un grand capital qui leur permette de parer à toute éventualité.

Les frais d'assurance sont entièrement subordonnés aux conventions que l'on adopte avec les compagnies.

Nous recommandons aux maisons qui se font assurer d'exiger des compagnies d'assurances une clause spéciale les garantissant contre tous risques EN CAS DE PERTE PARTIELLE.

Nous nous sommes étendu si longuement sur la question des assurances, parce que nous en avons constaté l'importance toujours croissante.

TIMBRE

Les frais de timbre sont encore plus incertains que les autres. En reportant les positions, quand le taux du report est favorable, on peut attendre patiemment une occasion de revendre à l'étranger les valeurs que l'on doit en recevoir. En outre, les frais de timbre dépendent de la facilité relative avec laquelle on peut *se faire timbrer* des titres.

Les frais de timbre sont donc sujets à Paris et à l'étranger à des variations.

Nous donnons cependant plus loin le tableau du timbre français sur les principales valeurs qui se traitent à Paris.

DE L'ARBITRAGE

EN DOUBLES-PRIMES ET EN OPTIONS

Ce genre d'affaires se fait sur une grande échelle sur les marchés allemands (*Stellagen* et *Nochgeschaefte*).

A Londres, on opère aussi beaucoup en doubles-primes et en options (*put and call, put for more, call for more*).

Il est regrettable que Paris, une des principales Bourses de l'Europe, en soit privé, car bien des spéculateurs et des banquiers désireux de faire un arbitrage en double-prime ou en option sont obligés, à moins de faire des combinaisons spéciales (en achetant une prime et en vendant ferme par contre, on établit soi-même un *stellage*), de s'adresser soit directement, soit par des intermédiaires à la place de Londres ou à une place allemande.

Avec le concours de quelques personnes influentes, on pourrait établir un marché en doubles-primes et en options à la Bourse de Paris. Ce serait travailler dans l'intérêt général que d'y introduire ce genre d'opérations.

A Paris, on ne fait ordinairement que des primes simples échéant le mois courant ou le mois suivant, tandis qu'à Londres, Berlin, Vienne, Trieste, on fait des doubles-primes et des primes simples à plusieurs mois d'échéance.

TIMBRE FRANÇAIS SUR LES TITRES

Se négociant à la Bourse de Paris

SUIVANT LES LOIS

Du 13 mai 1863 ; — 8 juillet 1864 ; — 30 mars 1872 ; — 25 mai 1872 ;

DÉSIGNATION DES VALEURS PAR PAYS	CAPITAL en MONNAIE ÉTRANGÈRE	CAPITAL en FRANCS	DROIT du TIMBRE
	COUPURES de :	COUPURES de :	
AMÉRIQUE			
Américain 4 % 1877	50 doll.	250 »	fr. 0 75
	100 —	500 »	0 75
	500 —	2.500 »	4 50
	1.000 —	5.000 »	7 50
Américain 4 1/2 %	50 —	261 25	0 75
	100 —	522 50	1 50
	500 —	2.612 50	4 50
	1.000 —	5.225 »	9 »
Américain 5 % 1871-1881 . . .	50 —	261 25	0 75
	100 —	522 50	1 50
	500 —	2.612 50	4 50
	1.000 —	5.225 »	9 »
	5.000 —	26.125 »	40 50
	10.000 —	52.250 »	79 50
ANGLETERRE			
Consolidés	50 livr.	1.262 50	3 »
	100 —	2.525 »	4 50
	200 —	5.050 »	9 »
	500 —	12.625 »	19 50
	1.000 —	25.250 »	39 »
ALLEMAGNE			
Oblig. Mines de Stolberg	100 thal.	375 »	4 56
— — — privil.	100 —	375 »	4 56

AUTRICHE-HONGRIE

Lots 1854.	250 flor.	625 »	fr. 1 50
— 1860	100 —	250 »	0 75
	500 —	1.250 »	3 »
— 1864	100 —	250 »	0 75
Rente métallique et Rente papier	100 —	250 »	0 75
	1.000 —	2.500 »	4 50
	10.000 —	25.000 »	37 50
Rente or 4 °/₀..	200 —	500 »	0 75
	1.000 —	2.500 . »	4 50
	10.000 —	25.000 »	37 50
Obligat. Nord-Ouest d'Autriche	200 —	500 »	6 »
— Lombardes 5 °/₀.. .	200 —	500 »	6 »
Crédit mobilier autrichien . . .	100 —	250 »	3 12
Obligat. doman. d'Autriche (*).	120 —	300 »	0 75
— hongroises..	120 —	300 »	0 75
Emprunt hongrois 6 °/₀. . . .	. . . . . .	. . . . . .	*exempt.*

BELGIQUE

Emprunt belge 2 ¹/₂ °/₀. . . .	. . . . . .	100 »	0 75
		200 »	0 75
		500 ›	0 75
		1.000 »	1 50
		2.000 ›	3 »
Empr. belges 4 °/₀ 1879 et 3 °/₀.	. . . . . .	100 »	0 75
		200 »	0 75
		500 ›	0 75
		1.000 ›	1 50
		2.000 ›	3 »
		5.000 ›	7 50
		10.000 »	15 »

(*) Les Obligations Domaniales d'Autriche doivent être déposées le jeudi à la Banque de Paris et des Pays-Bas, qui les fait estampiller gratis. On peut les retirer le lundi suivant.

BELGIQUE (SUITE)

Emprunt belge 4 1/2 %. . . .	. . . . . .	100 »	fr. 0 75
		200 »	0 75
		500 »	0 75
		1.000 »	1 50
		2.000 »	3 »
Ville de Bruxelles 1879.	. . . . . .	100 »	1 20

BRÉSIL

Emprunt brésilien 1875 5 %.	100 livr.	2.520 »	4 50
	500 —	12.600 »	19 50
	1.000 —	25.200 »	39 »

ÉGYPTE

Obligations de la Dette Unifiée.	20 livr.	500 »	0 75
	100 —	2.500 »	4 50
	500 —	12.500 »	19 50
	1.000 —	25.000 »	37 50
Obligations Chemins Égyptiens.			
(Timbre indentique à celui des obli-			
gations de la dette unifiée.)			
Obligations Domaniales d'Egypte			
5 % 1879	20 —	505 »	1 50
	100 —	2.525 »	4 50
	200 —	5.050 »	9 »
	1.000 —	25.250 »	39 »
Daira Sanieh.	20 —	500 »	0 75

ESPAGNE

Billets cubains.	500 peset.	500 »	0 75
Billets hypothécaires	500 —	500 »	0 75
Ville de Madrid 1868		100 »	1 20
Actions Rio-Tinto.	10 livr.	250 »	3 12
Dette 2 %. . . . . . . série 1ª.	200 piast.	1.080 »	3 »
2ª.	400 —	2.160 »	4 50
3ª.	800 —	4.320 »	7 50
4ª	1.200 —	6.480 »	10 50

ESPAGNE (SUITE)

Dette 2 °/₀ 1877 . . . série 1ᵃ·	500 peset.	500 »	fr. 0 75
2ᵃ·	1.000 —	1.000 »	1 50
3ᵃ·	2.500 —	2.500 »	4 50
4ᵃ·	5.000 —	5.000 »	7 50
Dette intérieure 3 °/₀			
1870 . . . . . . série a.	100 esc.	245 50	0 75
b.	400 —	982 »	1 50
c.	1.000 —	2.455 »	4 50
d.	2.000 esc.	4.910 »	7 50
e.	5.000 —	12.275 »	19 50
f.	10.000 —	24.550 »	37 50
Dette extérieure 3 °/₀			
1855-67-69-70-71-72-75 série a.	200 piast.	1.080 »	3 »
b.	400 —	2.160 »	4 50
c.	800 —	4.320 »	7 50
d.	1.200 - -	6.480 ,	10 50
e.	2.400 —	12.960 ,	19 50
f.	4.800 —	25.920 »	39 »
Obligat. chemins Nord-Ouest de l'Espagne.	. . . . . .	500 »	6 »

HOLLANDE

Emprunt 2 ¹/₂ °/₀ 1815	100 flor.	207 25	0 75
	1.000 —	2.072 50	4 50
— 2 ¹/₂ °/₀ certif. franc.	1.900 —	4.000 »	6 »
— 4 °/₀	500 —	1.050 »	3 »
— 4 °/₀ 1844-1849	200 —	414 50	0 75
	1.000 —	2.072 50	4 50
— 4 °/₀ 1878	100 —	207 25	0 75
	500 —	1.036 25	3 »
	1.000 —	2.072 50	4 50

ITALIE

Emprunt Victor-Emmanuel 3 °/₀ 1863	. . . . . .	500 »	0 75
Act. Victor-Emmanuel 3 °/₀ 1863	. . . . . .	500 »	6 »
Obligat. chemins méridion. 1862.	. . . . . .	500 »	6 »

ITALIE (SUITE)

Crédit mobilier italien.	. . . . . .	500	»	fr. 6 »
		3.000	»	36 »
Ville de Florence 1868.	. . . . . .	250	»	3 12
— Naples 1861.	. . . . . .	425	»	5 28
— — 1868.	. . . . . .	150	»	1 92
— — 1871.	. . . . . .	250	»	3 12
Act. et oblig. Tabacs d'Italie 1868	. . . . . .	500	»	6 »
Obligations domaniales d'Italie.	. . . . . .	505	»	6 24
		1.010	»	12 24
Emprunt italien 3 °/o	. . . . . .	100	»	0 75
		200	»	0 75
		400	»	0 75
		1.000	»	1 50
		2.000	»	3 »
		5.000	»	7 50
		10.000	»	15 »
		20.000	»	30 »
		30.000	»	45 »
Emprunt italien 5 °/o.	. . . . . .	100	»	0 75
		200	»	0 75
		500	»	0 75
		1.000	»	1 50
		2.000	»	3 »
		4.000	»	6 »
		10.000	»	15 »

NORWÉGE

			20.000	»	30 »
Emprunts 4 $^{1}/_{2}$ °/o 1876 et 1878					
série *a*.	100 livr.	2.520	»	4 50
b.	500 —	1.260	»	19 50
c.	1.000 —	25.200	»	39 »

PÉROU

Emprunt péruvien 5 °/o. . .	20 livr.	500	»	0 75
	100 —	2.500	»	4 50
	200 —	5.000	»	7 50
	500 —	12.500	»	19 50
	1.000 —	25.000	»	37 50

PÉROU (SUITE)

Emprunt péruvien 6 °/₀. . . .	20 livr.	500 »	fr. 0 75
	50 —	1.250 »	3 »
	100 —	2.500 »	4 50
	200 —	5.000 »	7 50
	500 —	12.500 »	19 50
	1.000 —	25.000 »	37 50

PORTUGAL

Emprunts 3 °/₀ 1853-57-59-60 .	50 livr.	1.262 50	3 »
	100 —	2.525 »	4 50
	200 —	5.050 »	9 »
	500 —	12.625 »	19 50
— — 1863 et 1873. .	100 —	2.525 »	4 50
Emprunt 3 °/₀ 1877 . série *a*.	20 —	505 »	1 50
b.	100 —	2.525 »	4 50
c.	500 —	12.625 »	19 50
— 5 °/₀ 1879..	90.000 reis	505 »	1 50

RUSSIE

Emprunts 5 °/₀ 1862-1870-1873 .	50 livr.	1.260 »	3 »
	100 —	2.520 »	4 50
	500 —	12.600 »	19 50
	1.000 —	25.200 »	39 »
Emprunt 4 1/2 °/₀ 1875.. . . .	50 —	1.275 »	3 »
	100 —	2.550 »	4 50
	500 —	12.750 »	19 50
	1.000 —	25.500 »	39 »
Emprunt 5 °/₀ 1877.	20 —	500 »	0 75
Emprunts d'Orient 1ʳᵉ, 2ᵉ et 3ᵉ séries 1877-78-79	100 roub.	400 »	0 75
	1.000 —	4.000 »	6 »
Emprunt 4 °/₀ 1880.	125 —	500 »	0 75
Obligations Nicolas 4 °/₀ 1867-69	20 livr.	500 »	0 75
Actions chemins Sud-Ouest 1879	100 roub.	251 »	3 12
— et obligat. Grande Compagnie des chemins russes. .	125 —	500 »	6 »

RUSSIE (SUITE)

Oblig. Foncier Russe, 2ᵉ série. 5 ¹/₂ °/₀	100 livr.	2.520 »	f. 30 24
Oblig. Foncier Russe Mutuel (*).	100 roub.		6 »

SUÈDE

Emprunt 4 °/₀ 1878. . série *a*.	20 livr.	502 »	1 50
b.	50 —	1.255 »	3 »
c.	100 —	2.510 »	4 50
d.	500 —	12.550 »	19 50
e.	1.000 —	25.100 »	39 »

SUEZ (CANAL MARITIME DE)

Parts de fondateurs.	. . . . .	12.000 »	144 »

TURQUIE

Emprunts ottomans 6 °/₀ 1860-63-65-69-73.	20 livr.	500 »	0 75
Dette turque 5 °/₀.	10 —	250 »	0 75
	20 —	500 »	0 75
	50 —	1.250 »	3 »
	100 —	2.500 »	4 50
Emprunt turc 5 °/₀ 1877 (De-fence loan).	10 —	250 »	0 75
	20 —	500 »	0 75
	50 —	1.250 »	3 »
	100 —	2.500 »	4 50
	500 —	12.500 »	19 50
	1.000 —	25.000 »	37 50
Lots turcs..	. . . . .	400 »	0 75

(*) Remboursables à 125 roubles.

L'Administration du Timbre a converti les valeurs étrangères en francs aux changes suivants :

1 Reichsmarc. . . . . Fr.	1	22 $^{13}/_{16}$
1 Florin d'Autriche.	2	50
1 — d'Allemagne du Sud.	2	50
1 — de Hollande	2	07 $^{5}/_{16}$
1 Piastre Rente espagnole extérieure.	5	40
1 — — — intérieure.	4	91
1 Escudo (demi-piastre) —	2	455
1 Dollar	5	225
1 — américain 4 °/₀	5	»
1 Livre sterling Fonds anglais.	25	25
1 — — — norwégiens.	25	20
1 — — — portugais.	25	25
1 — — — russes extér. 5 °/₀. . .	25	20
1 — — — — — 5 °/₀ 1877	25	»
1 — — — — — 4 $^1/_2$ °/₀ 1875	25	50
1 — — — — — 5 °/₀ 1867-69	25	»
1 — — — suédois.	25	10
1 — — — turcs extérieurs. . . .	25	»
1 — — — péruviens.	25	»
1 Rouble (Emprunts d'Orient)	4	»
1 Reis Brésilien.	0	0025
1 — Portugais.	0	0056
1 Real de vellon	0	2633
1 Peseta.	1	»
1 Thaler	3	75
1 Lire italienne.	1	»
1 Roupie.	2	50
1 Drachme.	0	90

Pour exprimer le timbre sur une valeur, en °/₀, on opère de la manière suivante :

Soit une vente de Consolidés anglais, faite à Paris, livrable en coupures de 500 livres, payant chacune 19 fr. 50 c. pour droit de timbre : ce qui équivaudrait pour 100 £ au cinquième, soit 3 fr. 90 c., que je divise par le change fixe auquel on traite les Consolidés anglais à la Bourse de Paris, et qui est de 25 fr. 20 c. J'obtiens 0 fr. 1547 ou 0 fr. 155 pour arrondir. Si j'achète des Consolidés à Londres en coupures de 500 livres, et que cet achat ressorte à (*a*) 99 fr., par exemple, j'ajouterai les frais de timbre français, et j'aurai 99 fr. 155 comme parité.

Autre exemple : J'achète à Saint-Pétersbourg de l'Emprunt Oriental qui ressort à 58 fr. Je le vends à Paris livrable en coupures de 1,000 roubles, payant 6 francs de timbre. La proportion pour 100 Roubles sera le dixième, soit 0 fr. 60 c. Le change fixe auquel on traite l'Emprunt oriental à Paris étant 4 francs, je divise 0 fr. 60 c. par 4, et j'obtiens 0 fr. 15 c. (*b*).

C'est comme si j'avais acheté l'Emprunt oriental à 58 fr. 15 c., timbre payé.

Ce système de calculer les timbres est très-commode pour les personnes qui doivent chiffrer rapidement.

Parmi les valeurs qui paient directement le droit d'abonnement au timbre, et qui sont par cela même **dispensées du visa,** figurent :

Les obligations de la Banque centrale de Crédit foncier de Russie, 1re, 4e et 5e séries ;
Les actions de la Banque ottomane ;
Les actions de la Banque hypothécaire d'Espagne ;
Les actions de la Banque de crédit italien ;
Les obligations de la Banque hypothécaire de Suède ;

(*a*) Le droit de transfert à Londres est de 2 shillings par 100 livres, soit 1 °/oo.
(*b*) Le timbre français sur l'emprunt Russe 1877 est également 0 fr. 15 c. °/o.

Les actions des Chemins de fer autrichiens ;

Les obligations des Chemins de fer autrichiens (ancien réseau) 1re et 2e hypothèques ;

Les obligations des Chemins de fer autrichiens (nouveau réseau) ;

Les obligations des Chemins de fer Kronprinz Rodolphe ;

Les obligations des Chemins de fer Central-Suisse ;

Les actions des Chemins de fer Lombards (sud de l'Autriche) ;

Les obligations des Chemins de fer Lombards (anciennes 3 °/₀);

Les obligations des Chemins de fer Lombards (nouvelles 3 °/₀);

Les obligations et actions des Chemins de fer Madrid à Saragosse et Alicante ;

Les actions et bons des Chemins de fer Méridionaux d'Italie ;

Les actions et obligations des Chemins de fer Nord de l'Espagne ;

Les actions des Chemins de fer Nord-Ouest d'Autriche (les actions émission 1er janvier 1872, lettre B non abonnées, doivent être timbrées);

Actions du Chemin de fer de Vienne à Pottendorf;

Les obligations 5°/₀ de la Compagnie anglaise des Mines et Chemins de fer Rio-Tinto ;

Les actions et obligations de la Compagnie Madrilène du Gaz;

Les délégations Ville de Florence 1875;

Les obligations Ville de Naples 1875 ;

Les obligations Ville de Naples 1877;

Les actions de la Compagnie Italienne d'assurances contre l'incendie « la Fondiaria » ;

Les actions, délégations de capital, délégations de jouissance, obligations, bons trentenaires, coupons consolidés d'intérêts d'actions arriérés de la Compagnie du Canal maritime de Suez.

Comme on entend quelquefois parler de titres faux en circulation, nous appelons particulièrement l'attention des personnes qui s'occupent des livraisons et en conséquence de la vérification des titres, sur les valeurs dont le coupon est en souffrance ou ne se paie pas régulièrement. Les faussaires ont une certaine prédilection pour les valeurs de cette catégorie, car elles ne sont pas soumises à un contrôle périodique.

        Les actions des Chemins de fer Lombards,

        L'emprunt turc,

        Les lots turcs,

        L'emprunt péruvien, etc.,

font partie en ce moment des valeurs auxquelles nous faisons allusion.

Le recours que l'on peut avoir contre le cédant d'une valeur ainsi que la prescription de ce recours sont entièrement subordonnés à la législation du pays où ce cédant est établi.

Les frais de procès sont naturellement très-coûteux et les jugements ne sont généralement rendus qu'après un espace de temps très-long.

On fera également bien en recevant ou en livrant des titres de s'assurer s'ils ne sont pas frappés d'opposition et de consulter à ce sujet le *Journal des Oppositions,* feuille *ad hoc.*

Vu les difficultés auxquelles on est exposé en négligeant de prendre ces précautions, nous avons cru bien faire en attirant l'attention du public sur ce chapitre.

TIRAGES

TIRAGES DES VALEURS

Nous avons jugé indispensable de joindre à notre livre une liste des tirages des principales valeurs que l'on traite à la Bourse de Paris.

C'est surtout en faisant des reports que l'on doit consulter cette liste, car il est de règle que le tirage d'une valeur profite à celui qui reporte les titres ; donc, les personnes qui donnent des titres en report au moment du tirage doivent connaître la valeur de ce tirage et sont en droit d'exiger une bonification.

Pour estimer la valeur du tirage sur les Fonds, il faut déduire du nombre des titres émis la quantité de ceux qui ont été annulés par voie de remboursement ou autrement et diviser le total des primes par le nombre de titres obtenu, c'est-à-dire par le nombre de titres en circulation.

Si les titres sortis sont remboursables au-dessous de leur valeur, le porteur est en perte. Le calcul reste le même, mais le résultat obtenu est de la perte au lieu d'être du bénéfice.

Dans ce cas, la valeur du tirage est *négative* :

Nous n'avons pas pu indiquer les tirages aussi exactement que nous l'aurions désiré, parce que, pour beaucoup de valeurs, ils n'ont pas lieu régulièrement, et pour d'autres, les dates ne sont pas fixées avec précision.

Il est donc possible qu'il y ait des changements dans les

dates indiquées. Dans ce cas, les personnes qui y attachent de l'importance voudront bien dans leur intérêt faire les additions ou les changements éventuels, attendu que nous ne pouvons pas garantir la stabilité des dispositions prises actuellement pour le tirage des valeurs en question.

Notre liste de tirages a été établie dans les premiers jours de décembre 1880. Le signe D placé avant la date (ou les dates) du tirage d'une valeur signifie que le dernier tirage a eu lieu à cette date (ou à ces dates).

DÉSIGNATION DES VALEURS	DATE DES TIRAGES
AMÉRIQUE	
Dette des États-Unis 4 °/₀	Pas rembours. avant 1907
4 1/2 °/₀	— — — 1891
5 °/₀	— — — 1881
AUTRICHE-HONGRIE	
Rente Autrichienne Or 4 °/₀	. . . .
Lombards actions	D 1ᵉʳ décembre 1880. . .
— obligations anciennes 3 °/₀	D 1ᵉʳ décembre 1880. . .
— — nouvelles 3 °/₀	
— — 5 °/₀	Juillet. . . . .
Autrichiens actions	D 3 décembre 1880 . . .
— oblig. 1ʳᵉ hypoth., anc. réseau	D 6 août 1880. . . . . .
— — 2ᵉ — —	D 6 — 1880. . . . . .
— — nouveau réseau. . . .	D 6 février 1880. . . . .
Obligations Kronprinz Rodolphe . . .	D 1ᵉʳ octobre 1880 . . .
Lots 1854 séries	1ᵉʳ janvier, 1ᵉʳ juillet
— — numéros.	1ᵉʳ avril, 1ᵉʳ octobre
— 1860 séries	1ᵉʳ février, 1ᵉʳ août
— — numéros.	1ᵉʳ mai, 1ᵉʳ novembre
Obligations Domaniales autrichiennes 1860	1ᵉʳ janvier, 1ᵉʳ juillet. . .
Rente Hongroise Or 6 °/₀, 1877	. . . .
Obligations Hongroises	1ᵉʳ juin, 1ᵉʳ décembre. .
BELGIQUE	
Emprunt 4 °/₀	. . . .
— 1880, 4 °/₀ (2ᵉ série)	. . . .
— 1873, 3 °/₀	. . . .
Ville de Bruxelles 1879 3 °/₀	25 fév., 25 avr., 25 juin, 25 août, 25 oct., 24 déc.
BRÉSIL	
Emprunt 1875	Février, août . . . . .

PÉRIODE de remboursement	OBSERVATIONS	JOUISSANCE des Fonds dont les coupons sont en souffrance
. . . .	Au gré du gouvernement.	
. . . .	Exempte de tout impôt.	
1858-1954	Remboursables à 500 francs.	1er novembre 1874
-1969		
1870-1954		
1858-1965		
. . . . .	Remboursables à 500 francs.	
-1947		
. . . . .		
1878-1967		
1867-1912	Remboursables à 300 francs.	
. . . . .	Exempt de tout impôt.	
1868-1918	Remboursables à 300 francs.	
. . . . . .	Amortissables par rachats.	
. . . . .		
. . . . .	Ces dates ne subiront pas de changem. jusqu'en 1887	
1877-1914	Amortissement 1 °/o par an, par voie de rachat sur le marché si le cours est au-dessous du pair et par voie de tirage si le cours est au-dessus du pair.	

ÉGYPTE

Daira Khassa.	. . . .
— Sanieh	Avril, octobre. . . . . .
Dette unifiée dite 6 %.	D 24 juil. 1879, 29 janv. 1880
Obligations chemins Égyptiens.	D 29 janv. 1880, 10 août 1880
— Crédit Foncier Égyptien 1880	Tirage semestriel . . . .

ESPAGNE

Rente extérieure 2 %.	D 30 déc. 1879, 28 juin 1880
— intérieure 2 %.	D 30 déc. 1879, 28 juin 1880
Pagarès	2 juin, 2 décembre . . .
Ville de Madrid 1868	. . . .
Obligations Rio Tinto 5 % 1875 . . .	1er janvier, 1er juillet . .
Billets Cubains anciens	1er mars, 1er juin, 1er septembre, 1er décembre .
— — nouveaux	1er mars, 1er juin, 1er septembre, 1er décembre .
— hypothécaires	1er mars, 1er juin, 1er septembre, 1er décembre .
Obligat. Nord de l'Espagne (1re et 2e séries	D 20 mars 1880. . . . .
Obligations Saragosse	D 29 novembre 1880. . .
Actions —	Décembre . . . .

FRANCE

Rente amortissable 3 %.	1er mars. . . . .
Ville de Paris 1855-1860.	1er février, 1er août . . .
— 1865	15 mars, 15 juin, 15 septembre, 15 décembre.
— 1869.	15 janvier, 15 avril, 15 juillet, 15 octobre. . . . .

. . . . .	Amortissement 2.29 ½ °/o — 1 °/o
	par voie de rachat si le cours est au-dessous de 75 °/o et par voie de tirage s'il est au-dessus.
1877-1941	Décret du 18 novembre 1876. L'amortissement se fait par voie de rachat si le cours est inférieur à 75 °/o, sinon par voie de tirage à 80 °/o (*).
1877-1941	
1880-1930	Remboursables à 505 francs.
1877-1891	Remboursables à 50 °/o.
. . . . .	
1867-1887	
. . . . .	Les coupons en souffrance sont payables à partir du 10 décembre 1880. Pour les détails relatifs aux tirages, voir le décret de la municipalité de Madrid du 20 janvier 1880, contenu in *extenso* dans le *Messager de Paris,* du 13 février 1880.
1875-1895	L'amortissement peut se faire par voie de rachat ou par voie de tirage.
1879-1893	
. . . . .	Remboursable à 500 pesetas.
1878-1958	
1860-1953	Remboursable à 500 francs.
1864-1955	
1878-1953	Remboursable au pair.
1855-1897	
1866-1928	
1872-1909	

(*) Ce décret a été modifié par la *loi de liquidation* de 1880, suivant laquelle on emploiera.
ar le rachat de ces titres, les sommes restant disponibles après le paiement des coupons.

Ville de Paris 1871	20 janvier, 20 avril, 20 juillet, 20 octobre. . . . .
— 1875	5 fév., 5 mai, 5 août, 5 nov.
— 1876	10 février, 10 mai, 10 août, 10 novembre. . . . . .
Ville de Marseille 1877	D 15 avril 1880, 15 oct. 1880
Obligations Foncières 4 % 1875	22 mars, 22 juin, 22 septembre, 22 décembre. .
— — 3 % 1877	5 janv., 5 avr., 5 juil., 5 oct.
— communales 3 % 1879 . .	5 février, 5 avril, 5 juin, 5 août, 5 octobre, 5 déc.
— Foncières 3 % 1879	5 janvier, 5 mars, 5 mai, 5 juillet, 5 sept. 5 nov.
Ville de Bordeaux 1863	2 janvier, 1er juillet . . .
— de Lyon 3 % 1880	D 29 février 1880, 15 octobre 1880 . . . . . .

HOLLANDE

Emprunts divers	

INDES ANGLAISES

Emprunt 4 1/2 % 1880	. . . .

ITALIE

Tabacs d'Italie	Commencement d'avril et commencement d'oct. . .
Obligations Méridionales	Mai
Actions —	Décembre
Obligations Victor-Emmanuel 1863 . . .	D 31 août 1880 . . . . .
Emprunt domanial 1865	Commencem. de janvier .
— — 1867	. . . .

NORWÉGE

Emprunt Norwégien 1876 4 1/2 % . . .	D 26 juillet 1880 . . . .
— 1878 4 1/2 % . . .	. . . .
— 1880 4 %	. . . .

1872-1946	
1875-1950	
1877-1950	
1877-1917	
1875-1934	
1878-1927	
1879-1939	
1880-1939	
1864-1899	
1880-1913	
. . . . .	Les diverses émissions des emprunts hollandais sont amortissables par rachats sans époque fixée.
. . . . .	Remboursable au pair, sous 3 mois de préavis, pas avant 1893.
1869-1883	Exempt d'impôt. Tirage au pair par séries.
1864-1961	Remboursable à 500 francs.
1866-1881	Tirage chaque année par séries.
1876-1882	Amortissement par rachats.
1878-1916	Cet emprunt est amortissable par rachats si le prix est au-dessous du pair. Le gouvernement a le droit d'augmenter l'amortissement depuis le 1er janvier 1877 et même de rembourser tout l'emprunt sous dénonciation de 6 mois à l'avance.
1880-1932	
1882-1934	Amortissable par voie de rachats ou de tirages.

PÉROU

Emprunt 6 °/₀ 1870	1er avril, 1er octobre . .
— 5 °/₀ 1872	1er janvier, 1er juillet . .

PORTUGAL

Emprunt 1876 5 °/₀.	D 31 janvier 1880, 2 août 1880 . . . .
1879 5 °/₀.	D 15 mars 1880, 28 septembre 1880 . . . . . .
Obligations chemins de fer Portugais . .	D 2 décembre 1880 , . .

RUSSIE

Actions Grands Chemins Russes	Décembre.
Obligations Nicolas 1867.	D 11 août 1880 . . . . .
— 1869.	D 11 — . . . . .
Russe 1862	. . . .
— 1870	D 1er février 1880. . . .
— 1871	Fin février . . . .
— 1872	1er avril . . . .
— 1873	D 1er décembre 1879. . .
— 1875	D 1er avril 1880. . . . .
— 1877	D 1er — . . . .
— 1880	13 mai . . . .
Banque centrale de Crédit Foncier, obligations 1re série.	D 30 avril 1880, 31 oct. 1880
Banque centrale de Crédit foncier, obligations 4e et 5e séries.	D 1er déc. 1879, 1er juin 1880
Banque centrale de Crédit Foncier Mutuel	Mai, novembre.
Emprunt oriental 1878, 2e série	. . . .
— 1879, 3e série	. . . .

SUÈDE

Emprunt 1878	. . . .
— 1880	. . . .

1880-1904	. . . .	Juillet 1875.
1872-1897	. . . .	
1877-1961	Remboursable à 500 francs.	
1879-1961	— 505 —	
1863-1959	— 500 —	
1868-1950	Exempt de tout impôt russe. Remboursable à 500 fr.	
1870-1951	— — — — à 500 —	
. . . . .	— — — Le remboursem. n'aura pas lieu avant 1882.	
1871-1951		
1872-1952		
1873-1953		
1874-1953	Exempts de tout impôt russe. Rembours. au pair.	
1876-1956		
1878-1914		
1881-1960		
1874-1917	Remboursables à 500 francs.	
1876-1929		
1878-1927	Remboursables au pair.	
1879-1928		
1882-1930	Remboursable au pair.	
1882-1930	— à 504 francs.	

TURQUIE

Dette Turque 5 %	. . . .
Lots Turcs	1er févr., 1er avril, 1er juin. 1er août, 1er oct., 1er déc.
Emprunt Ottoman 1860	D 4 déc. 1879, 3 juin 1880
— 1863	D 13 — 12 —
— 1865 (Mutton). . . .	D 13 — 12 —
— 1869 (Cohen)	D 5 mars 1879, 6 septembre 1880. . . . . .
— 1873	D 10 mars 1879, 8 septembre 1880 . . . . .
Defence Loan 1877	. . . .
Action Banque ottomane.	. . . .

. . . . .	. . . .	Janvier 1876.
. . . . .	Primes diverses ; le remboursement est suspendu, mais les tirages ont lieu régulièrement	1er avril 1876.
. . . .	Remboursement suspendu.	Janvier 1876.
. . . .	Remboursement suspendu.	Octobre 1875.
. . . . .	Amortissable par rachats si le cours est inférieur au pair et par tirages s'il est supérieur.	
. . . . .	. . . .	Juillet 1880.

ALLEMAGNE

BERLIN

Coût d'une dépêche simple : 0 fr. 20 c. par mot.
Coût d'une dépêche urgente : 0 fr. 60 c. par mot.

N. B. — Quand la ligne directe est interceptée, on peut envoyer les dépêches « **via Bruxelles** » (*).

HEURES DE BOURSE

La Bourse des Fonds Publics se tient tous les jours, de midi à 2 h. 30 m.

La petite Bourse (*Ressource*) qui avait lieu le dimanche et les jours fériés, est supprimée.

DIFFÉRENCE D'HEURE

L'heure de Berlin **avance** de 44 minutes sur celle de Paris.

LIQUIDATION

La liquidation a lieu une fois à la fin de chaque mois. Il se fait aussi de nombreuses affaires au comptant.

(*) Coût d'une dépêche simple *voie Bruxelles* : 0 fr. 28 c. par mot, plus une surtaxe de fr. 1.40 fixe. Une dépêche urgente coûte le triple.

OBSERVATIONS

Les valeurs marquées de l'astérique (*) se traitent généralement au comptant à Berlin.

On ne peut vendre à Berlin que des Lots Turcs revêtus du timbre allemand, et il n'existe qu'un nombre limité de Lots Turcs portant ce timbre, car on ne peut plus en faire timbrer (a).

Les coupures de la Rente Autrichienne Or 4°/₀ de 10,000 florins capital ne sont pas livrables.

La Bourse est fermée :

> Le 1ᵉʳ janvier ;
> Le Vendredi-Saint ;
> Le lundi de Pâques ;
> Buss und Bettag (jour de dévotions);
> Le jour de l'Ascension ;
> Le lundi de la Pentecôte;
> Le jour de l'Humiliation;
> Le 25 décembre (Noël) ;
> Le 26 décembre;

jours reconnus fériés par la loi.

Les **coupons russes** des séries extérieures, c'est-à-dire payables en or, sont acceptés en paiement par les douanes russes; c'est pourquoi on les appelle *Zollcoupons.*

Cette catégorie se compose des coupons des emprunts russes de 1862, 1867, 1869, 1870, 1871, 1872, 1873, 1875, 1877, 1880. Ces coupons se traitent en livres sterling, comme à Londres. Le principal marché est à Berlin ; aussi le cours de ces coupons dépend-il de cette place.

(a) Le timbre allemand est de rigueur comme pour tous les emprunts à primes, suivant la loi allemande du 8 juin 1871.

Quoique l'**étalon d'or** soit le système monétaire légalement établi en Allemagne, la Banque d'Allemagne a le droit d'avoir recours temporairement à la suspension des paiements en or, et de payer en thalers, pour protéger son encaisse en or.

Le prix de l'or et des monnaies d'or est fixé par la Banque d'Allemagne. Comme il est variable, nous ne pouvons pas calculer la parité théorique de l'or avec l'Allemagne.

Les maisons qui font des **envois d'or** en Allemagne ou qui en reçoivent d'Allemagne font effectuer les versements dans une des succursales de la Banque de France (si elles importent) ou dans une des succursales de la Banque d'Allemagne (si elles exportent) les plus proches de la frontière, et font faire un virement au siége de la Banque. De cette manière, on diminue les frais de transport.

Ces **frais** sont très-minimes. On peut compter sur $1\,^3/_4\,^o/_{oo}$ environ pour tous les frais réunis (port sous déclaration de valeur entière, perte d'intérêts $^1/_3\,^o/_{oo}$ environ, etc.), outre la prime éventuelle sur l'or, si elle est à payer.

La **Bourse des Changes** a lieu le mardi, le jeudi et le samedi.

Modifications récentes apportées dans la manière de coter les Fonds suivants :

La valeur nominale
          des titres de l'Emprunt russe 1877, qui était de Rm 410 ,
          —   —   1880,   —   —   406,25 ,
          des act. de la Cie des Gr. Ch. Russes,   —   —   402,
est maintenant de Rm 400.

Nous avons établi le tableau ci-contre en tenant compte de ces changements.

BERLIN

DÉSIGNATION DES VALEURS	JOUISSANCES
Lombards.	1er mai, 1er novembre.. .
Autrichiens.	1er janvier, 1er juillet. . .
Italien	1er janvier, 1er juillet. . .
* Russe 1862	1er mai, 1er novembre.. .
* — 1870	1er février, 1er août . . .
— 1871	1er mars, 1er septembre .
— 1872	1er avril, 1er octobre. . .
* — 1875	1er avril, 1er octobre.. .
— 1873 au parquet..	1er juin, 1er décembre.. .
— 1873 en coulisse.	1er juin, 1er décembre.. .
— 1877	1er janvier, 1er juillet.. .
— 1880	1er mai, 1er novembre . .
* Lots russes 1864.	1er janvier, 1er juillet. .
* — 1866.	1er mars, 1er septembre. .
* Chemin de fer Sud-Ouest de Russie . .	1er janvier, 1er juillet.. .
* Nicolas	1er mai, 1er novembre . .
* Actions Grands Chemins Russes . . .	1er janvier, 1er juillet .
* Crédit Foncier de Russie, 1re série. . .	1er janvier, 1er juillet. . .
— — 4e et 5e série.	1er février, 1er août . . .
— — Mutuel . . .	1er janvier, 1er juillet. .
Rente autrichienne, or.	1er avril, 1er octobre . . .
* — — argent	1er janvier, 1er juillet. .
— hongroise, or 6 °/₀	1er janvier, 1er juillet. .
Emprunt oriental 2e série	1er janvier, 1er juillet. . .
— — 3e —	1er mai, 1er novembre.. .
* Oblig. autrichiennes anc., 1re hypoth. . ⎫	
* — — — 2e — . . ⎬ 1er mars, 1er septembre .	
* — — nouveau réseau . ⎭	
* — lombardes anciennes.	1er janvier, 1er juillet. .
* — — nouvelles.	1er avril, 1er octobre. . .
* — hongroises.	1er janvier, 1er juillet. . .

BERLIN

INDICATION DES CALCULS

(Cours $+$ Int. « 4 °/₀ sur Rm. 400, soit Rm. 1,33 par mois »)

(—   « 5 °/₀ sur 100, soit 0,41⁷ par mois ») $\times$ 8

(—   —   —   —   —   ») : 1,26

(—   « 4 ¹/₂ °/₀ sur 100,   soit 0,37⁵ par mois ») : 1,26
(—   « 5 °/°   —   0,41⁷   —   ») : 1,26
(—   —   —   —   —   ») $\times$ 8
(—   —   —   —   —   ») $\times$ 8
(—   « 4 °/₀   —   0,33   —   ») $\times$ 400

(—   « 5 °/₀   —   0,41⁷   —   ») $\times$ 3,20

(—   « 4 °/₀   —   0,33   —   ») $\times$ 400
(—   « 5 °/₀   —   0,41⁷   —   ») $\times$ 400

(—   —   —   —   —   ») $\times$ 400

(—   —   —   —   —   ») $\times$ 320
(—   « 4 °/₀   —   0,33   —   ») $\times$ 8
(—   « 4,2 °/₀   —   0,35   —   ») $\times$ 8
(—   « 6 °/₀   —   0,50   —   ») $\times$ 8

(Cours $+$ Intérêts « 5 °/₀ sur 100, soit 0,41⁷ par mois ») $\times$ 8

(Cours $+$ Intérêts « 3 °/₀ sur fr. 500, soit fr. 1,25 par mois ») $\times$ 8

(Cours $+$ Intérêts « 5 °/₀ sur 100, soit 0,41⁷ par mois ») $\times$ 240

Multiplier chaque résultat par le change à vue du Berlin à Paris ou le diviser par le change à vue du Paris à Berlin.

Crédit Foncier Prussien (*a*).	1er janvier. . . . .
' Actions zinc, Silésie privilégiées . . .	1er janvier. . . . .
— — anciennes	1er janvier. . . . .
— Stolberg — . . .	1er janvier. . . . .
— — privilégiées . . .	1er janvier. . . . .
Emprunt turc.	. . . .
' Lots turcs.	. . . .
Américains 4 °/o.	1er janv., 1er avril, 1er juil., 1er octobre. . . . . . .
— 4 1/2 °/o.	1er mars, 1er juin, 1er septembre, 1er décembre..
— 5 °/°	1er févr., 1er mai, 1er août, 1er novembre . . . . .
Roubles.	. . . .

(*a*) Ajouter au résultat définitif des actions du Crédit foncier prussien fr. 450 non versés).

(«C.×6» — 360) + (Int. «4 °/₀ sur Rm. 240, soit Rm. 0,80 pʳ mois»)

(«C.×3» + Int. «4 ¹/₂ °/₀ sur Rm. 300, soit Rm. 1,12 ¹/₂ p. m.»)

(«   —   —   4 °/₀   —   1 par mois»)

(«   —   —   —   —   1   —   »)

(«   —   —   5 °/₀   —   1,25—   »)

Cours sans intérêts × 8.

Cours sans intérêts.

(Cours + Intérêts «4 °/₀ sur 100, soit 0,33 par mois ») × 85

(—   « 4 ¹/₂ °/₀   — $0,37^5$ —   »   —

(—   « 5 °/₀   — $0,41^7$ —   »   —

Cours *multiplié par* le change à vue du Berlin à Paris ou *divisé*
   par le change à vue du Paris à Berlin.

Multiplier chaque résultat par le change à vue du Berlin à Paris ou le diviser par le change à vue du Paris à Berlin.

FRANCFORT-SUR-MEIN

Coût d'une dépêche simple : 0 fr. 20 cent. par mot.
Coût d'une dépêche urgente : 0 fr. 60 cent. par mot.

HEURES DE BOURSE

Bourse officielle de midi à 2 h. 30 m. environ.
Les principales affaires se traitent de 12 h. 15 m. à 1 h. 30 m. On en fait aussi après Bourse jusqu'à 4 heures.
La petite Bourse (*Effectensocietaet*) a lieu de 5 heures 6 h. 30 m.
Les dimanches et jours fériés, la petite Bourse a lieu de midi à 1 h. 30 m. Cependant, elle est supprimée du 1er avril au 1er octobre.

DIFFÉRENCE D'HEURE

L'heure de Francfort-sur-Mein **avance** de 25 minutes sur celle de Paris.

LIQUIDATION

La liquidation a lieu deux fois par mois.
On fait aussi beaucoup d'affaires au comptant.

OBSERVATIONS

Il se publie au commencement de chaque année une feuille sur laquelle sont fixés d'avance tous les jours de liquidation de l'année courante. Cette feuille est très-utile, et on peut se la procurer facilement.

Quelques maisons sont fermées le samedi.

Les coupures de la Rente Hongroise or 6 °/₀ de fl. 10,000 capital et celles de la Rente Autrichienne or 4 °/₀ de fl. 100 capital ne sont pas livrables.

Les coupures de Russe 1875, supérieures au montant nominal de £ 500, ne sont pas non plus négociables.

FRANCFORT-SUR-MEIN

Lombards.	1er mai, 1er novembre. . .
Autrichiens.	1er janvier, 1er juillet. . .
Russe 1873 en coulisse	1er juin, 1er décembre.. .
— — au parquet	1er juin, 1er décembre.. .
— 1875	1er avril, 1er octobre. . .
— 1877	1er janvier, 1er juillet. . .
— 1880	1er mai, 1er novembre. . .
Rente autrichienne or	1er avril, 1er octobre.. . .
— — argent	1er janvier, 1er juillet. . .
— hongroise or, ...	1er janvier, 1er juillet. .
— norwégienne 1878, 4 1/2 % . . .	15 janvier, 15 juillet.. . .
Emprunt Oriental 2e série	1er janvier, 1er juillet. .
— — 3e —	1er mai, 1er novembre. . .
Obligations hongroises.	1er janvier, 1er juillet. . .
— lombardes anciennes 3 %. .	1er janvier, 1er juillet. . .
— — nouvelles 3 %. .	1er avril, 1er octobre . . .
— — 5 %	1er janvier, 1er juillet. . .
— autrichiennes, 1re hypoth . .	
— — 2e — . .	1er mars, 1er septembre. .
— — nouv. réseau.	
Rente espagnole extérieure ancienne . .	30 juin, 31 décembre. . .
— — — nouvelle . .	30 juin, 31 décembre. . .
Américain 4 %	1er janv., 1er avr., 1er juill., 1er octobre . . . . . .
— 4 1/2 %	1er mars, 1er juin, 1er sept., 1er décembre. . . . .
— 5 %	1er févr., 1er mai, 1er août, 1er novembre . . . . .

FRANCFORT-SUR-MEIN

(Cours $+$ Intérêts «5°/₀ sur fl. 200, soit fl. 0,83 par mois»)×2

(						
(	—	—	100,	$0{,}41^7$	—	»)×8
(	—	—	—	—	—	») : 1,26
(	—	«4 $^1/_2$ °/₀	—	$0{,}37^5$	—	») : 1.26
(	—	«5 °/₀	—	$0{,}41^7$	—	»)×82
(	—	«4°/₀	—	0,33	—	»)×406,25
(	—	« —	—	—	—	»)×8
(	—	«4,2°/₀	—	0,35	—	»)×8
(	—	«6°/₀	—	0,50	—	»)×8
(	—	«4 $^1/_2$ °/₀	—	$0{,}37^5$	—	»)×80,95
(	—	«5°/₀	—	$0{,}41^7$	—	»)×8
(	—	—	—	—	—	»)×240
(	—	«3°/₀	—	0,25	—	»)×400
(	—	«5°/₀	—	$0{,}41^7$	—	») —
(	—	«3°/₀	—	0,25	—	») —
(	—	«1°/₀	—	$0{,}08^3$	—	»)×78,70
(	—	«2°/₀	—	$0{,}16^6$	—	») —
(	—	«4°/₀	—	0,33	—	»)×85
(	—	«4 $^1/_2$ °/°	—	$0{,}37^5$	—	») —
(	—	‹5°/₀	—	$0{,}41^7$	—	») —

Multiplier chaque résultat par le change à vue du Francfort à Paris ou le diviser par le change à vue du Paris à Francfort.

HAMBOURG

Coût d'une dépêche simple : 0 fr. 20 cent. par mot.
Coût d'une dépêche urgente : 0 fr. 60 cent. par mot.

HEURES DE BOURSE

La Bourse officielle a lieu de midi à 2 h. 30 m.

La petite Bourse (*Effectensocietaet*), de 5 heures à 6 h. 30 m. pendant la semaine ; de 12 h. 30 m. à 2 heures de l'après-midi les dimanches et jours fériés. La petite Bourse des dimanches et jours fériés n'a lieu qu'en hiver.

DIFFÉRENCE D'HEURE

L'heure de Hambourg **avance** sur celle de Paris de 31 minutes.

LIQUIDATION

La liquidation a lieu une fois à la fin de chaque mois.

OBSERVATIONS

Les coupures de Rente Hongroise or 6 °/₀ de fl. 10,000 capital ne sont pas livrables.

HAMBOURG

Lombards.	1er mai, 1er novembre..
Autrichiens.	1er janvier, 1er juillet . .
Obligations lombardes anciennes	1er janvier, 1er juillet.. .
— — nouvelles	1er avril, 1er octobre . . .
— autrichiennes 1re hypoth.. .	
— — 2e — . .	1er mars, 1er septembre..
— — nouv. réseau .	
Rente autrichienne or	1er avril, 1er octobre . . .
— — argent	1er janvier, 1er juillet. . .
— hongroise or..	1er janvier, 1er juillet. . .
Rente espagnole intérieure ancienne . .	30 juin, 31 décembre. . .
— — extérieure — . .	30 juin, 31 décembre. . .
— norwégienne 4 $^{1}/_{2}$ °/₀ 1878	15 janvier, 15 juillet.. .
— suédoise 4 °/₀.	15 juin, 15 décembre. . .
Russe 1877	1er janvier, 1er juillet . .
Emprunt Oriental, 2e série.	1er janvier, 1er juillet . .
— — 3e —	1er mai, 1er novembre..
Américain 4 °/₀.	1er janv.,1er avril, 1^{er}juil., 1er octobre . . . . . .
— 4 $^{1}/^{2}$ °/₀	1er mars, 1er juin, 1er septembre, 1er décembre..
— 5 °/₀.	1er fév., 1er mai, 1er août, 1er novembre.. . . . .

HAMBOURG

Cours + Intérêts « 5 °/₀ sur 500, soit 2,08 par mois ») × 8

—	« 4 °/₀ sur 100, soit	0,33	—	») × 8	
—	« 4,2 °/₀	—	0,35	—	») —
—	« 6 °/₀	—	0,50	—	») —
—	« 1 °/₀	—	$0,08^{3}$	—	») × 83,33
—	« 4 1/2 °/₀	—	$0,37^{5}$	—	») × 80,95
—	« 4 °/₀	—	0,33	--	«) × 81,275
—	« 5 °/₀	—	$0,41^{7}$	—	») × 82
—	« —	—	—	—	») × 82,50
—	« 4 °/₀	—	0,33	—	») × 90
—	« 4 1/2 °/₀	—	$0,37^{5}$	—	») —
—	« 5 °/₀	—	$0,41^{7}$	—	») —

Multiplier chaque résultat par le change à vue du Hambourg à Paris
diviser par le change à vue du Paris à Hambourg.

ANGLETERRE

LONDRES

Coût d'une dépêche : 0 fr. 25 cent. par mot.

Quand la ligne directe est interceptée, on peut avoir recours avec avantage à l'envoi des dépêches *via* Bruxelles.

HEURES DE BOURSE

La Bourse des Fonds Publics se tient tous les jours non fériés de 11 heures à 4 heures ; le samedi, cependant, elle ferme déjà à 2 heures.

Quand la liquidation tombe un samedi, la Bourse dure plus longtemps que les samedis ordinaires ; la clôture a lieu alors vers 3 heures.

DIFFÉRENCE D'HEURE

L'heure de Londres **retarde** sur celle de Paris de 10 minutes.

LIQUIDATION

La liquidation a lieu deux fois par mois ; elle dure 3 jours.

1er jour (*Name day*), réponse des primes à 2 h. 45 m. et reports.

2ᵉ jour (*Ticket day*), jour de transferts.

3ᵉ jour (*Settling day*), jour de la livraison des titres et de paiement.

Les opérations en Consolidés anglais se liquident séparément une seule fois par mois, généralement vers le 3 ou le 4.

Toutes les valeurs se traitent pour la liquidation prochaine, sauf stipulation spéciale. Quelquefois on fait des affaires au comptant.

La liquidation est toujours fixée environ un mois d'avance et se trouve indiquée exactement au bas de la cote officielle de Londres.

OBSERVATIONS

La Rente extérieure Espagnole se traite en livres sterling capital, à raison. de **51 pence pour 1 piastre**.

100,000 piastres capital ou 3,000 piastres de rente correspondent à £ 21,250 capital, d'où on peut déduire proportionnellement les autres quantités au-dessus ou au-dessous de 100,000 piastres capital.

Nous rappelons aux personnes qui s'occupent d'arbitrages avec Londres que, pour les Rentes Françaises par exemple, le coupon est détaché à Londres environ 15 jours après l'avoir été à Paris, tandis que pour les Fonds Américains et d'autres, c'est Paris qui détache les coupons après Londres. Nous avons cru utile de mentionner cet usage, car il a une grande importance. Nous en avons parlé seulement au chapitre « Londres » pour rendre ce livre aussi peu volumineux que possible, mais on fera bien, en traitant avec d'autres places étrangères, de se rappeler que la place de Paris détache les coupons des valeurs qui sont cotées à terme, le dernier jour de la Liquidation (sauf pour les Rentes Françaises), ce qui ne correspond avec aucun détachement de coupons aux Bourses étrangères.

Dans nos calculs avec Londres, nous avons supposé que le change ne pourrait pas être inférieur à 25 francs la livre sterling. Nous avons agi ainsi pour simplifier, et parce qu'une baisse sur le change au-dessous de 25 francs nous paraît inadmissible dans les temps ordinaires.

L'intérêt des Rentes Françaises 3 °/₀ et 5 °/₀ est payable à Londres à raison de 25 fr. 30 cent. la livre sterling.

A Londres, on cote les Emprunts en livres sterling capital.

Pour obtenir le capital en livres sterling quand on a le montant en francs de rente, il faut opérer de la manière suivante :

5,000 francs rente 5 °/₀,
multiplier par 8 et diviser par 10, soit £ 4,000 capital,
4,500 francs rente 4 1/2 °/₀,
retrancher le 1/9ᵉ, soit £ 4,000 capital,
3,000 francs rente 3 °/₀,
ajouter 1/3, soit £ 4,000 capital,
4,000 francs rente 4 °/₀,
correspondent à £ 4,000 capital.

L'Income tax se prélève sur les revenus payables en Angleterre. **Cet impôt étant variable, nous ne pouvons pas en fixer le montant d'une manière absolue.** Nous rappelons cependant à titre de renseignement que l'Income tax est en ce moment de 6 pence par livre pour les titres sur lesquels on prélevait 5 pence précédemment et 7 pence par livre sur ceux qui étaient passibles antérieurement d'une taxe de 6 pence par livre.

Nous avons indiqué la manière de chiffrer l'**or** et l'**argent**, le premier de ces métaux ayant une grande influence sur le change, et le marché principal du second étant à Londres.

La **Bourse des Changes** a lieu le lundi et le jeudi.

TARIF DU TIMBRE ANGLAIS

Le timbre anglais se prélève sur tous les titres émis depuis 1862, portant un intérêt fixe et dont les coupons sont payables en Angleterre.

Le droit est établi comme suit :

Pour les titres dont la valeur nominale est de :

25 livres ou au-dessous.	0 s. 8 d.
25 à 50 livres	1 . 3
50 à 100 —	2 . 6
100 à 150 —	3 . 9
150 à 200 —	5 . 0
200 à 250 —	6 . 3
250 à 300 —	7 . 6

et ainsi de suite en augmentation de 2 s. 6 d. pour 100 livres.

Parmi les valeurs abonnées au timbre anglais ou exemptes du visa figurent :

Les Rentes Françaises ;
La Rente Autrichienne or 4 °/₀ ;
Les actions Chemins de fer Lombards ;
Les actions Banque ottomane ;
Les Fonds Américains 5 °/₀ ;
L'Emprunt Russe 1862.

Les titres du Russe 1870 sont en grande partie timbrés anglais et ceux du Russe 1873 le sont presque tous.

Selon les règles du Stock-Exchange, tout vendeur de titres en garantit l'authenticité. A défaut du recours contre ce vendeur, son cédant est responsable envers le porteur des titres, et ainsi de suite, en remontant la filière. C'est pour cette raison que les maisons devraient inscrire *régulièrement* dans un livre spécial les numéros de tous les titres qui leur passent par les mains, avec le nom du cédant.

A Londres, le tirage des valeurs appartient à la personne qui est en possession des titres au moment où se fait la publication officielle des numéros sortis.

Le Stock-Exchange est fermé :

Le 1er janvier;

Le Vendredi-Saint;

Le lundi de Pâques (*Bank holiday*);

Le 1er mai (ou le 2 en cas de dimanche);

Le lundi de Pentecôte (*Bank holiday*);

Le premier lundi du mois d'août (*Bank holiday*),

Le 1er novembre (ou le 2, en cas de dimanche);

Le 25 décembre;

Le 26 décembre (*Bank holiday*) ou le 27 en cas de dimanche.

La Banque d'Angleterre

achète l'or en barres au prix de 77 sh. 9 d. l'oz. st.

vend   —   —   77 sh. 10 $^1/_2$ d. —

Ses prix d'achat et de vente des monnaies d'or sont variables.

L'once (oz) équivaut à 31 gr. 1035 et le **titre standard** est de 11 oz d'or fin sur 12 oz brutes, soit 916 $^2/_3$ millièmes.

Les **frais** se montent à 2 °/oo environ, savoir :

Port, environ. . . . . 1 $^1/_4$ °/oo

Assurance . . . . $^1/_2$ °/oo

Perte d'intérêts. . . . . $^1/_4$ °/oo

Règles de chaîne explicatives :

1° Pour obtenir la parité *des envois d'or en barres de Paris à Londres :*

Combien de francs	pour 1 livre sterling,
Si 1 livre sterling	a 20 sh.
Si le prix 77 sh. 9 d.	s'entend p. 1 once standard d'or,
Si 12 onces standard d'or	sont produites p. 11 onces d'or fin,
Si 1 once d'or fin	représente 31 gr. 1035 d'or fin.
Si 1000 gr. d'or fin	valent 3437 francs.

2° Pour obtenir la parité *des envois d'or en barres de Londres à Paris :*

Remplacer simplement dans la règle de chaîne ci-dessus le prix 77 sh. 9 d. par 77 sh. 10 $^1/_2$ d.

LONDRES

Rente française 3 %	1er janv., 1er avr., 1er juil., 1er octobre . . . . . .
— — 5 %	16 février, 16 mai, 16 août, 16 novembre. . . . . .
— italienne 5 %.	1er janvier, 1er juillet. . .
— turque 5 %	. . . .
— autrichienne or	1er avril, 1er octobre, . .
— hongroise or	1er janvier, 1er juillet. . .
— péruvienne 5 %	. . . .
— — 6 %	. . . .
Américain 5 %.	1er févr., 1er mai, 1er août, 1er novembre . . . . .
Russe 1873, en coulisse	1er juin, 1er décembre.. .
— — au parquet	1er juin, 1er décembre . .
— 1862	1er mai, 1er novembre . .
— 1870	1er février, 1er août. . . .
— 1875	1er avril, 1er octobre . . .
Brésilien 1875.	1er janvier, 1er juillet. . .
Consolidés anglais.	5 janvier, 5 juillet.. . . .
Norwégien 1878, 4 1/2 %	15 janvier, 15 juillet. . .
Suédois 4 %	15 juin, 15 décembre. . .
Emprunt Oriental 3e série.	1er mai, 1er novembre . .
Rente espagnole extérieure 3 %. . . .	30 juin, 31 décembre. . .
— — — 2 %	30 juin, 31 décembre. . .

LONDRES

Cours × 4 × cours de chèque sur Londres.

☞ *Manière abrégée.* . Ajouter au cours à Londres autant de fois 1 °/₀₀ de ce cours que 2 ½ centimes sont contenus dans la différence entre 25 francs et le change auquel on calcule.

Cours : 25,20 × cours du chèque sur Londres.

☞ *Manière abrégée...* Prendre la différ. entre le change du Londres et 25,20 et autant de fois 2 ½ centimes sont contenus dans cette différence autant de fois il faudra ajouter 1 °/₀₀ au cours que l'on calcule, ou en déduire 1 °/₀₀, selon que le change du Londres est supérieur ou inférieur à 25,20.

Cours : 25,10 × cours du chèque sur Londres.
— : 25,94 ¹/₂ ×   —   —

— × 0,03935 ×   —   —

☞ *Manière abrégée...* Prendre la différence entre le change sur Londres et 25,41, multiplier cette différence par 4 et diviser par 100. Le chiffre obtenu doit alors être multiplié par le cours dont on cherche la parité, auquel on ajoutera ou duquel on déduira le résultat trouvé, selon que le change du Londres sera supérieur ou

Obligations ottomanes 1865.	. . . .
— — 1869.	. . . .
— — 1873.	. . . .
Dette égyptienne unifiée dite 6 °/₀. . .	1ᵉʳ mai, 1ᵉʳ novembre. .
Chemins de fer Egyptiens.	15 avril, 15 octobre,. . .
Emprunt domanial d'Egypte	1ᵉʳ juin, 1ᵉʳ décembre..
Daira Sanieh	15 avril, 15 octobre.. . .
Obligations Rio-Tinto 5 °/₀.	1ᵉʳ janvier, 1ᵉʳ juillet . .
Banque ottomane	. . . .
Actions Rio-Tinto.	. . . .
— Lombards.	1ᵉʳ mai, 1ᵉʳ novembre . .
Obligations lombardes anciennes	1ᵉʳ janvier, 1ᵉʳ juillet. . .
— — nouvelles	1ᵉʳ avril, 1ᵉʳ octobre.˜ . .
— chemins de fer français. . .	. . . .
Actions chemins de fer français	. . . .
— canal maritime de Suez	. . . .
Obligations canal maritime de Suez.. .	. . . .
Parts fondateur canal maritime de Suez.	. . . .
Obligations Ville de Paris	. . . .
Argent fin au kilog	. . . .
Or fin au kilog..	. . . .
Parité de l'or fin pour les envois de Paris à Londres.	
— — — de Londres à Paris.	

Cours $\times$ 2 $\times$ cours de chèque sur Londres.

(Cours $\times$ cours du chèque sur Londres) $+$ 250 fr. non versés.

Cours $\times$ cours du chèque sur Londres.

(« Cours $\times$ change » : 6,9042) ou (« Cours $\times$ change » $\times$ 0,14484).

Moyen abrégé... («Cours $\times$ 3 » $+$ 1/10 du chiffre trouvé) $+$ 1/10 du résultat. Prendre ensuite la différence entre 25,06 ¼ et le change du chèque sur Londres, et, selon que ce change est supérieur ou inférieur à 25,06 ¼, ajouter ou retrancher du chiffre obtenu autant de fois 1 °/₀₀ de ce chiffre que 2 ½ centimes sont contenus dans la susdite différence. Pour avoir le cours de l'argent fin en tant pour mille de perte, déduire le cours au kilo de fr. 218,89 et diviser la différence par 218,89.

« Cours $\times$ change » : 57023.

Moyen abrégé... (« Cours $\times$ 4 » $+$ 1/10 du chiffre trouvé). Prendre ensuite la différence entre 25,08 ¾ et le change du chèque sur Londres, et, selon que ce change est supérieur ou inférieur à 25,08 ¾, ajouter ou retrancher du dernier résultat autant de fois 1 °/₀₀ que 2 ½ centimes sont contenus dans cette susdite différence. On n'obtient ainsi le résultat qu'à 1/10 °/₀₀ près.

25,20⁷ parité théorique sans frais   } Voir les règles de chaîne
25,16⁷   —   —   }   explicatives.

Ajouter au résultat définitif la prime éventuelle sur l'or à Paris.

AUTRICHE

TRIESTE

Coût d'une dépêche simple : 0 fr. 30 c. par mot.
Coût d'une dépêche urgente : 0 fr. 90 c. par mot.

HEURES DE BOURSE

Bourse officielle de midi à 2 heures ;
Petite Bourse le soir, de 7 h. 30 m. à 8 h. 30 m. environ ;
Il se fait aussi des affaires en dehors des heures de Bourse.

DIFFÉRENCE D'HEURE

L'heure de Trieste **avance** sur celle de Paris de 46 minutes.

LIQUIDATION

Les affaires se font généralement à terme, c'est-à-dire à fin du mois, mais on opère aussi au comptant.

OBSERVATIONS

La spéculation s'occupe beaucoup d'affaires en Napoléons à livraison, et en monnaies d'argent (florins d'Autriche et talaris Marie-Thérèse).

Le cours du Napoléon et le change sur Londres sont les changes dirigeants. C'est surtout le cours du Napoléon qui donne la tendance.

Sur la Rente Italienne 5 $^c/_o$, il se fait beaucoup d'opérations en doubles-primes (*stellage*) à courte et à longue échéance.

TRIESTE

Italien	1er janvier, 1er juillet.. .

Dans nos calculs nous avons eu recours au change sur Londres, parce qu'il se fait très-peu d'opérations à Trieste en change sur Paris, et que le change sur Trieste n'est même pas coté à Paris.

TRIESTE

$$\frac{(\text{Cours} + \text{Intérêts } \ll 4,34\,°/_0 \text{ sur } 100, \text{ soit } 0,36 \text{ par mois} \gg) \times \text{cours du Londres à Paris} \times \text{cours du Napoléon à Trieste.}}{\text{Cours à vue du Londres à Trieste} \times 2.}$$

VIENNE

Coût d'une dépêche simple : 0 fr. 30 c. par mot.

Coût d'une dépêche urgente : 0 fr. 90 c. par mot.

Quand la ligne directe est interceptée, envoyer les dépêches par l'entremise d'un correspondant à Berlin.

HEURES DE BOURSE

La Bourse officielle se tient de 10 heures à 11 heures et de midi à 1 h. 45 m.

Du commencement d'octobre au commencement de mai. il y a petite Bourse dans la semaine de 4 h. 30 m. à 5 h. 30 m. de l'après-midi, et les dimanches et jours fériés de 11 heures à midi.

DIFFÉRENCE D'HEURE

L'heure de Vienne **avance** sur celle de Paris de 56 minutes.

LIQUIDATION

Les opérations se font généralement au comptant ou à courte livraison.

Il se fait aussi des affaires au 15 ou à la fin du mois, suivant les stipulations.

6

On cherche à établir à Vienne des liquidations bimensuelles, ce qui faciliterait les affaires.

Les opérations de Bourse se liquident le lundi, le mercredi et le vendredi.

Le paiement et la livraison ont lieu le lendemain.

OBSERVATIONS

L'intérêt que nous indiquons dans nos calculs pour Vienne est net de tout impôt.

Nous avons ajouté le calcul des pièces de florin argent et de l'argent fin, vu le rôle important joué par ce métal dans le système monétaire de l'Autriche.

Les Changes sur l'étranger étant susceptibles de variations très-brusques, les arbitragistes ont l'habitude d'acheter ou de vendre du Change contre chacune de leurs opérations, pour se couvrir. Ils préfèrent généralement payer les 4/10 °/₀₀ de courtage sur le Change que de rester en spéculation.

Le chiffre des recettes des chemins Autrichiens et Lombards est publié régulièrement toutes les semaines.

Les augmentations ou les diminutions des recettes comparées à celle de la période correspondante de l'année précédente ont naturellement une grande influence sur le cours de ces deux valeurs.

L'impôt sur la Rente Argent et la Rente Papier est de 16 °/₀, sur les valeurs à prime de l'État 20 °/₀, et sur les autres valeurs à prime 15 °/₀. Cet impôt ne se déduit pas sur le nominal des valeurs à prime.

Les grosses coupures de Rentes Autrichiennes Or, Argent et Papier, ainsi que celles de la Rente Hongroise Or sont toujours échangeables au Trésor autrichien contre de petites coupures et réciproquement, moyennant une redevance de fl. 0,20 kr. par coupure échangée.

Les **jours** reconnus **fériés** à Vienne sont :

Le 1er janvier ;
Le 6 janvier (Épiphanie) ;
Le 2 février (Purification) ;
Le 25 mars ;
Le Vendredi-Saint ;
Le lundi de Pâques ;
L'Ascension ;
Le lundi de la Pentecôte ;
La Fête-Dieu ;
Le 29 juin (Saint-Pierre et Saint-Paul) ;
Le 15 août (Assomption) ;
Le 8 septembre (Nativité de la Vierge) ;
Le 1er novembre (Toussaint) ;
Le 15 novembre ;
Le 8 décembre (Conception) ;
Le 25 décembre (Noël) ;
Le 26 décembre ;

VIENNE

Rente autrichienne or.	1er avril, 1er octobre . .
— argent.	1er janvier, 1er juillet . .
	1er avril, 1er octobre. .
— papier.	1er février, 1er août. . .
	1er mai, 1er novembre. .
Rente hongroise or.	1er janvier, 1er juillet . .
Autrichiens.	1er janvier, 1er juillet . .
Lombards.	1er mai, 1er novembre. .
Obligations domaniales d'Autriche . . .	1er mars, 1er septembre .
— hongroises.	1er janvier, 1er juillet . .
— lombardes anciennes. . . .	1er janvier, 1er juillet . .
— — nouvelles	1er avril, 1er octobre . .
— autrichiennes 1re hypothèque	
— — 2e —	1er mars, 1er septembre .
— — nouv. réseau.	
Lots 1860 coupures de fl. 500.	
— — 100.	1er mai, 1er novembre. .
Actions Foncier d'Autriche (*)	1er janvier . . . .
Oblig. Kronprinz Rodolphe 5 °/o.	1er avril, 1er octobre . .
— Lloyd autrichien.	1er janvier, 1er juillet . .
— chemin de fer Vienne-Pottendorff. .	1er janvier, 1er juillet . .
— — Lemberg-Czernowitz-Jassy.	1er mai, 1er novembre. .
Lots turcs	
Lots 1864, coupures de fl. 100.	
— — — 50.	
Argent fin au kilo . . . . . . , . . .	
Florins argent, à la pièce.	
— neufs, au kilo.	
— en circulation, au kilo	

VIENNE

Cours + Intérêts « 4 °/₀ sur fl. 100, soit fl. 0,33 par mois ») × 4

(— — « 4 1/2 °/₀ — 0,35 — ») —

(— — « 6 °/₀ — 0,50 — ») —

(— — « 5 °/₀ sur fl. 200, soit fl. 0,83 — »)

(— — « — sur fl. 120, soit fl. 0,50 — »)

(— — « 3 °/₀ sur fl. 200, soit fl. 0,50 — »)

(— — « 4 °/₀ sur fl. 100, soit fl. 0,33 par mois «) × 5

(Cours + Intérêts « 5 °/₀ sur fl. 80, soit fl. 0,33 par mois »)
(— — « 5 °/₀ — 100, — 0,41⁷ — ») × 2
(— — « 5 °/₀ — fl. 525, — fl. 2,19 — »)
(— — « — — 100, — 0,41⁷ — ») × 2

(— — « — — 100, — 0,41 — ») × 3

(À droite, accolade verticale :) Multiplier chaque résultat par le change à vue du Vienne à Paris ou diviser par le change à vue du Paris à Vienne.

Cours sans intérêts *multiplié par* le change à vue du Vienne à Paris
ou *divisé par* le change à vue du Paris à Vienne.

Cours × 9
Cours tel quel
Cours × 81
Cours : gr. 12,32

(Accolade :) *Multiplié par* le change à vue du Vienne à Paris ou *divisé par* le change à vue du Paris à Vienne.

Le poids gr. 12,32 est environ la moyenne du poids des florins en circulation.

BELGIQUE

BRUXELLES

Coût d'une dépêche simple : 0 fr. 15 cent. par mot.
Coût d'une dépêche urgente : 0 fr. 45 cent. par mot.

HEURES DE BOURSE

Bourse officielle, de midi 30 minutes à 3 heures.

DIFFÉRENCE D'HEURE

L'heure de Bruxelles **avance** de 8 minutes sur celle de
Paris.

LIQUIDATION

La liquidation a lieu le 15 et le 30 de chaque mois, à
moins que ces jours ne soient des jours fériés.

OBSERVATIONS

Les arbitrages en Fonds Publics avec la place d'Anvers ont
trop peu d'extension pour que nous jugions utile d'en établir
les calculs. Nous nous contenterons de mentionner pour mé-

moire que la Bourse d'Anvers ouvre à 1 heure et ferme à 3 heures, et que l'heure d'Anvers **avance** de 8 minutes sur celle de Paris. Beaucoup de maisons ont des rapports très-suivis avec cette place pour les arbitrages de Changes.

A Anvers, les opérations en Fonds Publics se traitent au comptant.

BRUXELLES

Rente Belge 2 1/2 %	1er janvier, 1er juillet . .
— 3 %	1er mai, 1er novembre. .
— 4 % ancien.	1er mai, 1er novembre. .
— 4 % nouveau.	1er février, 1er août . .
Rente Espagnole Extérieure ancienne. .	
— — nouvelle. .	
— Intérieure ancienne. .	30 juin, 31 décembre .
— — nouvelle. .	
Emprunt Cubain.	1er janv., 1er avril, 1er juil., 1er octobre . . . . . .
Rente Hongroise or	1er janvier, 1er juillet . .
— Autrichienne, papier.	1er mai, 1er novembre. .
— — argent	1er janvier, 1er juillet . .
— — or.	1er avril, 1er octobre . .
— Turque 5 %	. . . .

A Anvers : Les Rentes Françaises,

Les obligations des villes de France,

Et les obligations de la Dette unifiée d'Égypte se traitent intérêts compris dans le cours.

Les calculs pour l'arbitrage sont les mêmes qu'avec la place de Bruxelles.

BRUXELLES

(Cours + Intérêts « 2 1/2 °/₀ sur 100, soit 0,20⁸ par mois »)
(—   —   « 3 °/₀   —   0,25   —   »)
(—   —   « 4 °/₀   —   0,33   —   »)
(—   —   « 4 °/₀   —   0,33   —   »)

Cours sans intérêts.

☞ Ajouter à chaque résultat la prime de la Belgique, cotée à Paris, ou en déduire la perte.

ÉGYPTE

ALEXANDRIE

Coût d'une dépêche simple : 1 fr. 70 cent. par mot.

HEURES DE BOURSE

La Bourse se tient de midi à 1 h. 30 m., et la Bourse du soir, de 6 heures à 7 h. 30 m.

Il se fait aussi des affaires en dehors des heures de Bourse.

DIFFÉRENCE D'HEURE

L'heure d'Alexandrie **avance** de 2 h. 9 m. sur celle de Paris.

LIQUIDATION

On fait le plus souvent des affaires à livraison dans un ou deux jours, mais il s'en fait aussi à terme sans qu'il y ait une liquidation fixe.

OBSERVATIONS

Nous avons fait le calcul des obligations de la Dette unifiée au moyen du change sur Londres parce que la plupart des retours se font en papier ou versement sur Londres. Le change sur la France n'a qu'une importance secondaire.

La livre stg est tarifée à Alexandrie à raison de 97 piastres 20 paras, soit 97 $^1/_2$ piastres, cours auquel se paient les coupons des obligations égyptiennes (Dette Unifiée et Chemins).

De fortes ventes de traites sur l'Europe ont lieu tous les ans à l'époque de la récolte (qui commence en novembre)

ALEXANDRIE

Dette unifiée d'Egypte.	1er mai, 1er novembre. .
Obligations chemins de fer Egyptiens. .	15 avril, 15 octobre . . .
Daïra Sanieh	15 avril, 15 octobre . . .
Emprunt turc 5 °/₀.	1er janvier, 1er juillet .

et amènent une baisse sensible des Changes. Si le cours de la £ stg baisse au-dessous du *Tarif*, beaucoup de maisons en profitent pour remettre à Alexandrie des **coupons égyptiens** qui s'encaissent à 97 $^1/_2$ piastres et dont elles reçoivent la couverture à un cours inférieur. Déduire du bénéfice résultant de cette différence de cours les frais d'assurance, pertes d'intérêts, commission, etc., etc.

ALEXANDRIE

$$\frac{(\,\text{Cours} \times 1,95\,) \times \text{change du Londres à Paris}}{\text{change à vue du Londres à Alexandrie.}}$$

$$\frac{(\,\text{Cours} \times 3,90\,) \times \text{change du Londres à Paris}}{\text{change à vue du Londres à Alexandrie.}}$$

Pour réduire à vue le cours à 3 mois du Londres à Alexandrie, il faut ajouter à ce cours 3 mois au taux de la Banque d'Angleterre.

ESPAGNE

BARCELONE

Par voie ordinaire :

Coût d'une dépêche simple : 0 fr. 25 cent. par mot.
Coût d'une dépêche urgente : 0 fr. 75 cent. par mot.

Par voie « Câble Marseille » :

Coût d'une dépêche simple : 0 fr. 40 cent. par mot.
Une dépêche urgente coûte le triple.

HEURES DE BOURSE

Bourse officielle, de 2 heures à 3 h. 30 m. de l'après-midi.
Petite Bourse du matin, de 10 heures à midi.
Petite Bourse du soir, de 9 heures à 11 heures.
Pendant les réunions non officielles, on ne fait guère d'opérations en d'autres valeurs qu'en Rente intérieure.

DIFFÉRENCE D'HEURE

Il n'y a pas de différence d'heure entre Barcelone et Paris.

LIQUIDATION

Il n'y a pas de liquidation régulière à Barcelone, les affaires se font généralement au comptant.

On peut faire des reports du jour au lendemain.

OBSERVATIONS

Nous avons noté l'**Extérieur ancien** et l'**Extérieur nouveau** dans notre tableau, quoique l'on n'en traite pas couramment à Barcelone.

Pour les échanges d'**Extérieur** contre **Intérieur**, nous nous référons au paragraphe *Madrid*, afin d'éviter les répétitions.

A Barcelone, on compte généralement en pesetas.

$$1\ \$ = 5 \text{ pesetas.}$$

Les versements en espèces sont passibles d'un droit de timbre dont quelques maisons de Barcelone réclament le remboursement.

MADRID

Coût d'une dépêche simple : 0 fr. 25 cent. par mot.
Coût d'une dépêche urgente : 0 fr. 75 cent. par mot.

HEURES DE BOURSE

Bourse officielle des Fonds Publics, de 2 heures à 3 heures de l'après-midi.

La petite Bourse du soir (*Bolsin*) commence vers 11 h. 30 et dure très-peu de temps, à moins d'un grand mouvement.

DIFFÉRENCE D'HEURE

L'heure de Madrid **retarde** de 24 minutes sur celle de Paris.

LIQUIDATION

La liquidation a lieu à la fin de chaque mois.

OBSERVATIONS

Nous avons noté l'Extérieur ancien et l'Extérieur nouveau dans le tableau des calculs, quoique l'on ne fasse presque pas d'affaires dans ces valeurs à Madrid.

On peut cependant faire des opérations en Rente extérieure

à Paris, en faisant la contre-partie à Madrid ou à Barcelone en Rente intérieure. Il faut alors, comme on dit ordinairement, « jouer l'écart ».

Cette double position peut, du reste, être défaite facilement.

L'écart entre les deux Fonds dépend absolument de la position de la place.

Régulièrement il devrait exister entre la Rente intérieure et la Rente extérieure un écart nominal d'environ 8 °/₀ $\left(\text{soit } \dfrac{\text{cours} \times 8 \text{ environ}}{100}\right)$ en faveur de la dernière, puisque le coupon de la Rente extérieure se paie à raison de 5 fr. 40 c. fixe par piastre, tandis que celui de la Rente intérieure est payé en traites tirées par la Commission des Finances Espagnoles à Paris sur le Trésor Espagnol et négociables au change du jour.

Si la Rente extérieure vaut 20 °/₀ à Paris, l'écart théorique sera de 1,60 °/₀ (en supposant que le change soit à 5 francs la piastre), et la Rente intérieure devra valoir (toujours en théorie) environ 18,40 °/₀.

A Madrid, on compte généralement en réaux de vellon :

$$1 \text{ } \$ = 20 \text{ réaux.}$$

Les titres sortis et les coupons des valeurs suivantes :

Billets Hypothécaires,

Billets Cubains anciens,

Billets Cubains nouveaux,

se négocient à Paris, au change fixe de 5 francs la piastre ; mais si le change à vue est supérieur à 5 francs, on paie une prime variable pour l'achat de ces coupons ou titres sortis, afin de les envoyer en Espagne comme remise (*).

(*) Les Billets Cubains sortis sont aussi payables à Londres au change fixe de fr. 25 la £. Si le change sur Londres est élevé, il peut être plus avantageux de les faire encaisser à Londres qu'en Espagne.

L'assurance éventuelle et la perte d'intérêts doivent entrer en compte.

La Banque d'Espagne escompte les Billets Hypothécaires et les Billets Cubains sortis au tirage, à un taux qu'elle fixe elle-même.

A Madrid, le **tarif pour l'or fin** est de 3444,44 pesetas pour 1 kilo.

Voici la **règle de chaîne explicative** pour obtenir la parité de l'or :

Combien de francs	pour 1 piastre
si 1 piastre	5 pesetas
si 3444,44 pesetas	pour 1 kilo
si 1 kilo	vaut 3,437 francs.

Les **frais** sont les suivants pour les envois d'or de Paris à Madrid :

Transport (sous déclaration de la valeur entière) $5 \frac{1}{2}$ °/₀₀ ;
Perte d'intérêts ;
Commission à la Banque (variable) ;
Perte à l'essai ;
Menus frais.

L'importance de la perte d'intérêts dépend du délai que la Banque réclame pour effectuer le paiement de ses achats d'or (*).

Les lingots d'or doivent généralement être au titre de 900 millièmes et les Napoléons doivent être fondus et essayés pour les envois en Espagne.

Les Récépissés délivrés par la Monnaie de Madrid ne sont pas endossables. Les paiements sont effectués à ceux au nom desquels le dépôt des lingots a été fait.

(*) Le paiement se fait jusqu'à nouvel ordre en deux fois. D'abord 10 °/₀ de la valeur, et quelques jours après, les 90 °/₀ restants.

GROUPEMENT DES TITRES POUR L'AMORTISSEMENT

au taux de 50 %

POUR LA DETTE EXTÉRIEURE 2 %

Premier groupe.

1re série, titres de 200 piastres.	Nos 1 à 9,100
2e — — 400 —	— 1 à 10,400
3e — — 800 —	— 1 à 13,100
4c — — 1,200 —	— 1 à 31,000

Deuxième groupe.

1re série, titres de 200 piastres.	Nos 9,101 à 11,400
2e — — 400 —	— 10,401 à 12,500
3e — — 800 —	— 13,101 à 15,600
4c — — 1,200 —	— 31,001 à 32,000

Troisième groupe.

1re série, titres de 200 piastres	Nos 11,401 à 12,200
2e — — 400 —	— 12,501 à 12,400
3e — — 800 —	— 15,601 à 16,900

Quatrième groupe.

1re série, titres de 200 piastres	Nos 12,201 à 12,500
2e — — 400 —	— 13,401 à 13,600
3e — — 800 —	— 16,901 à 17,400

Cinquième groupe.

1re série, titres de 200 piastres	Nos 12,501 à 12,700
2e — — 400 —	— 13,601 à 13,800
3e — — 800 —	— 17,401 à 17,900

Sixième groupe.

1re série, titres de 200 piastres . . . . Nos 12,701 à 13,000
2e   —   —   400   —   . . . . .   — 13,801 à 14,000
3e   —   —   800   —   . . . . .   — 17,901 à 18,000

Septième groupe.

1re série, titres de 200 piastres . . . . . . Nos 13,001 à 13,100
2e   —   —   400   —   . . . . .   — 14,001 à 14,300

Huitième groupe.

1re série, titres de 200 piastres . . . . . . Nos 13,101 à 13,200
2e   —   —   400   —   . . . . .   — 14,301 à 14,500

GROUPEMENT DES TITRES POUR L'AMORTISSEMENT
au taux de 50 °/o
POUR LA DETTE INTÉRIEURE 2 °/o

Premier groupe.

1re série, titres de 500 pesetas . . . . Nos 1 à 1,100
2e   —   —   1,000   —   . . . . .   — 1 à 1,700
3e   —   —   2,500   —   . . . . . .   — 1 à 1,000
4e   —   —   5,000   —   . . . . . .   — 1 à 15,300

Deuxième groupe.

1re série, titres de 500 pesetas . . . . . Nos 1,101 à 6,800
2e   —   —   1,000   —   . . . . .   — 1,701 à 10,000
3e   —   —   2,500   —   . . . . . .   — 1,001 à 5,300
4e   —   —   5,000   —   . . . . .   — 15,301 à 45,800

Troisième groupe.

1re série, titres de 500 pesetas . . . . . . Nos 6,801 à 10,800
2e   —   —   1,000   —   . . . . . .   — 10,001 à 15,300
3e   —   —   2,500   —   . . . . . .   — 5,301 à 7,700
4e   —   —   5,000   —   . . . . .   — 45,801 à 55,400

Quatrième groupe.

1re série, titres de	500 pesetas	Nos	10,801	à	47,700
2e — —	1,000 —	—	15,301	à	42,800
3e — —	2,500 —	—	7,701	à	23,400
4e — —	5.000 —	—	55.401	à	70,500

Cinquième groupe.

1re série, titres de	500 pesetas	Nos	47,701	à	50,500
2e — —	1,000 —	—	42,801	à	46,300
3e — —	2,500 —	—	23,401	à	24,800
4e — —	5,000 —	—	70,501	à	74,600

Sixième groupe.

1re série, titres de	500 pesetas	Nos	50,501	à	51,800
2e — —	1,000 —	—	46,301	à	48,000
3e — —	2,500 —	—	24,801	à	25,700
4e — —	5,000 —	—	74,601	à	77,200

ESPAGNE

Rente Intérieure anc.	
— nouv.	30 juin, 31 décembre. . .
Rente Extérieure anc.	
— nouv.	
Billets Hypothécaires.	1er janvier, 1er avril, 1er juil-
— Cubains anc..	let, 1er octobre.
— — nouv..	
Actions chem. de fer du Nord de l'Espagne	1er janvier, 1er juillet . .
Oblig. — — —	1er avril, 1er octobre. . .
Actions chemin de fer Madrid à Saragosse et Alicante	1er janvier, 1er juillet . .
Obligations chemin de fer Madrid à Saragosse et Alicante.	1er janvier, 1er juillet . .
Or fin.	

Septième groupe.

1re série, titres de 500 pesetas	Nos	51,801 à 52,900
2e — — 1,000 —	—	48,001 à 49,400
3e — — 2,500 —	—	25,701 à 26,100
4e — — 5,000 —	—	77,201 à 78,700

Huitième groupe.

1re série, titres de 500 pesetas	Nos	52,901 à 54,500
2e — — 1,000 —	—	49,401 à 51,200
3e — — 2,500 —	—	26,101 à 26,700
4e — — 5,000 —	—	78,701 à 80,400

Neuvième groupe.

1re série, titres de 500 pesetas	Nos	54,501 à 55,600
2e — — 1,000 —	—	51,201 à 52,400
3e — — 2,500 —	—	26,701 à 27,200
4e — — 5,000 —	—	80,401 à 81,700

ESPAGNE

(Cours : 5,40) $\times$ change à vue.

Cours tel quel $\times$ change à vue.

Cours tel quel $\times$ change à vue, et retrancher $1/20$e du produit obtenu.

3437 : 688,89 = 4,9892, parité théorique de la Piastre sans frais.

FRANCE

FRANCE

Le coût d'une dépêche est uniformément de 5 centimes par mot. Toute dépêche contenant moins de dix mots coûte 50 centimes.

Les **jours** reconnus **fériés** par la loi sont les suivants :

> Le 1er janvier ;
> Le jour de l'Ascension ;
> Le 14 juillet (Fête nationale) ;
> Le 15 août (Assomption) ;
> Le 1er novembre (Toussaint) ;
> Le 25 décembre (Noël).

BORDEAUX

HEURES DE BOURSE

Bourse officielle de 10 h. 30 m. à 11 h. 30 m.

DIFFÉRENCE D'HEURE

L'heure de Bordeaux **retarde** de 12 minutes sur celle de
Paris.

LIQUIDATION

La Réponse des Primes a lieu le 1ᵉʳ et le 16 de chaque mois.
La Liquidation   —   2 et le 17   —
Le Pointage   —   3 et le 18   —
Les Paiements et les Livraisons

          ont lieu le 4 et le 19   —

LYON

HEURES DE BOURSE

Bourse officielle de 11 heures à 12 h. 30 m.

DIFFÉRENCE D'HEURE

L'heure de Lyon **avance** de 10 minutes sur celle de Paris.

LIQUIDATION

La **Liquidation** et la **Réponse des Primes** se font à Lyon autrement qu'à Paris :

Le 2 de chaque mois on liquide les Rentes, ainsi que les Valeurs dont le règlement n'a lieu qu'une fois par mois ;

Le 2 et le 17 de chaque mois on liquide les Valeurs de quinzaine.

La **Réponse des Primes** a lieu le lendemain du jour où elle se fait à Paris. Contrairement à l'usage de la place de Paris, les **Primes** sur les Rentes Françaises se traitent, à Lyon, autant pour le 15 (*16*) que pour la fin du mois (*1ᵉʳ du mois suivant*); mais le règlement de celles du 15 ne se fait qu'à la fin du mois (*2 du mois suivant*).

Les **Compensations** des opérations entre Lyon et Paris sont acceptées par les Parquets de ces deux Bourses.

OBSERVATIONS

Après Paris, c'est Lyon la place la plus importante de France pour les affaires en Fonds Publics. Elle est en rapports très-suivis avec les Bourses de Paris, d'Allemagne, d'Italie et de Suisse, qui lui envoient des ordres considérables en Rentes Françaises, Italien 5 °/₀, actions de Chemins de fer Français, Autrichiens, Lombards, etc.

Les cours du soir de Paris ont une grande influence sur ceux du lendemain à Lyon.

Les dépêches doivent être envoyées de très-bonne heure pour arriver à l'ouverture de la Bourse à Lyon; il serait même prudent de les expédier de Paris après la Petite Bourse du soir.

MARSEILLE

HEURES DE BOURSE

Bourse officielle de 10 h. 30 m. à 11 h. 30 m.

DIFFÉRENCE D'HEURE

L'heure de Marseille **avance** de 12 minutes sur celle de Paris.

LIQUIDATION

La Réponse des Primes se fait le 1er et le 16 de chaque mois.
La Liquidation   —   3 —   18   —
Le Pointage   —   2 —   17   —
Les Paiements et les Livraisons
                      ont lieu le 4 —   19   —

PARIS

HEURES DE BOURSE

La **Bourse officielle** commence à 12 h. 30 m. et finit à 3 heures précises.

Le **Marché libre** ou **Coulisse** commence déjà à midi et dure jusqu'à 4 heures; il tient aussi des réunions dans le *Hall* du Crédit Lyonnais, le soir de 9 heures à 10 heures, et les dimanches et jours fériés de 2 heures à 3 heures de l'après-midi.

LIQUIDATION

Au MARCHÉ OFFICIEL

(ou Parquet des Agents de Change)

Les opérations à terme se liquident comme suit :
Le **1**er du mois, les Rentes Françaises.
Le **2** du mois :

Les Actions de la Banque de France ;
— des Chem. de fer Français ;
— du Crédit Foncier de France ;
Les Obligations — — —
— de la Ville de Paris ;
— de la Ville de Marseille.

Ces Valeurs n'ont qu'une liquidation par mois.

Le **2** et le **16** du mois, tous les Fonds d'État Étrangers et les Valeurs Françaises et Étrangères, qui sont soumises à une liquidation bimensuelle.

Le **3** et le **17** du mois sont les jours de pointage des feuilles.

Le **4** et le **18** du mois, paiement des sommes dues au Parquet et livraison des titres vendus.

Le **5** et le **19** du mois, encaissement des sommes dues par le Parquet.

Le **6** et le **20** du mois, livraison par le Parquet des titres achetés.

Si un de ces jours tombe un dimanche ou jour férié, on remet la Liquidation au **lendemain**.

La **Réponse des Primes** a lieu :

> Le **dernier jour de chaque mois**, pour les Rentes Françaises et les Valeurs Françaises qui n'ont qu'une liquidation mensuelle ;
>
> Le **15** et le **dernier jour de chaque mois**, pour les Rentes Étrangères et les Valeurs Françaises et Étrangères qui se liquident par quinzaine.

Si une de ces dates se trouve être un dimanche ou un jour de fête, la Réponse des Primes se fait la **veille**.

Sur le MARCHÉ LIBRE

(ou Coulisse)

Toutes les opérations à terme se font pour la fin du mois, et la Liquidation a lieu de la manière suivante :

Le **1er** du mois, les Rentes Françaises.

> Comme à la **Coulisse des Rentes** il ne se fait pas de livraison de Rentes Françaises, les différences se règlent le surlendemain du jour de la liquidation.

Le **2** du mois se liquident toutes les autres affaires engagées pour la fin du mois précédent.

Le **5** du mois s'opère le règlement (paiements et recettes), ainsi que les livraisons des Titres vendus ou achetés.

Si un des jours précités tombe un dimanche ou un jour férié, on remet la Liquidation au **lendemain**.

La **Réponse des Primes** au Marché libre a lieu le **dernier jour de chaque mois**, ou la **veille** en cas de dimanche ou fête.

Les **Compensations** des affaires engagées pour la fin du mois sont admises entre le Parquet et la Coulisse.

Pour plus de clarté, nous ajoutons à notre Recueil un **Calendrier mobile** *indiquant, en caractères* rouges, *tous les Jours de Liquidation, et en caractères* noirs, *les Fêtes Officielles, pour le cours de l'année 1881.*

OBSERVATIONS

Nous passons sous silence les opérations faites **au comptant** soit au Parquet, soit en Banque, aucune explication n'étant nécessaire pour ce genre d'affaires.

Les indications que nous donnons dans ce chapitre, ainsi que les tableaux qui suivent, s'adressent spécialement aux personnes à qui les opérations de Bourse en Valeurs Internationales ne sont pas familières.

TARIF DU DROIT DE COURTAGE

Au PARQUET

A Terme :

Frs. 2,500 de Rente 5 °/₀ . . . . paient. Frs. **25** »
— 1,500 — 3 °/₀ . . . . — — **20** »
— 1,500 — 3 °/₀ amortissable — — **20** »

Le Courtage est de **1/8** °/₀ pour les Valeurs se liquidant mensuellement, telles que :

Les Actions de la Banque de France ;
— — des Chemins de fer Français ;
— — et les Obligations du Crédit Foncier de France,
— Obligations des Villes de Paris et de Marseille.

Le Courtage sur les Fonds Internationaux est fixé comme suit :

Florins .	800	de Rente	Autrich. Or 4 °/₀.	
—	1,200	—	Hongroise. Or 6 °/₀.	
Piastres.	300	—	Espag. 3 °/₀ { Extérieure. Intérieure.	paient Frs. **25** »
Francs .	2,500	—	Italienne 5 °/₀.	
—	2,500	—	Russe 5 °/₀ 1877.	
—	2,500	—	Turque 5 °/₀.	
£ stg . .	2,000	Capital	Russe 5 °/₀ 1862-70-73.	
—	2,000	—	Russe 4 1/2 °/₀ 1875.	

Le Courtage est de **1** °/₀₀ pour toutes les autres Valeurs, qui sont soumises à deux liquidations par mois.

Le *minimum* du Courtage à **terme** est de
Fr. **0,50** c. par Action ou Obligation.

Sur les Actions et Obligations dont le montant n'est pas complètement versé, le Courtage se compte, tant **au comptant** qu'à **terme**, comme si elles étaient entièrement libérées.

Au Comptant :

Le Courtage est indistinctement de **1/8** % sur toutes les Valeurs et tous les Fonds Français et Étrangers.

Pour les Actions et Obligations dont le cours est au-dessous de Frs. 200 », le Courtage est fixé à

Fr.   **0,25** c. par Action ou Obligation.

Pour toute négociation, sur laquelle le Courtage serait inférieur à 1 franc, le *minimum* de Courtage sera de **1 Franc**.

Pour un achat et une vente faits dans une même Bourse, par l'entremise du même Agent de Change, on ne paie qu'**un seul** Courtage (sur le montant le plus fort, soit à l'achat, soit à la vente). Cependant si, dans une même Bourse et par le même Agent de Change, on fait un achat **au comptant** et une vente **à terme** (ou *vice versá*), on doit payer le Courtage sur chaque opération.

En COULISSE :

Le Courtage en Coulisse est comme suit :

1° Sur les Rentes Françaises :

Francs 2,500 de Rente 5 %. . . . . paient. Frs.				**12,50**
— 1,500 — 3 %. . . . . . —			—	**12,50**
— 1,500 — 3 % amortissable —			—	**12,50**

2° Sur les Valeurs Internationales (*Fonds d'État*) :

Florins. 400 de Rente Autrich. Or 4 % paient. Frs.				**12,50**
— 600 — Hongr. — 6 % —			—	**12,50**
Piastres. 300 — Espagnole 3 % Extér.			—	**25** »
— 300 — — — Intér.				

Piastres 10,000 de Capital de la Dette Espagnole ⎞
       2 °/₀ extérieure . . . . ⎟ Frs. **25** »
—   10,000 de Capital de la Dette Espagnole ⎟
       2 °/₀ intérieure . . . . ⎠

Francs 2,500 de Rente Péruvienne 5 °/₀ paient. . — **25** »
—   1,500   —   —   6 °/₀ — . . — **12,50**
—   2,500   —   Russe 1877 5 °/₀ — . . — **25** »
—   2,500   —   — Orient. 5 °/₀ — . . — **25** »
—   2,500   —   Turque   5 °/₀ — . . — **25** »

3° **Sur les Valeurs Internationales** (*Actions* ou *Obligations*) :

Les Actions de la Banque des Pays Autrichiens (*Laenderbank*). . . . . **1/8** °/₀ sur le cours.

Les Obligations de la Dette Unifiée d'Égypte.
—   priv. des Ch. de fer Égyptiens.   **1/8** °/₀ sur
—   Daïra Sanieh.   le cours.
Les Actions Rio-Tinto.
—   de la Banque Hypothéc. d'Espagne.   Quelques
Les Billets Hypothécaires d'Espagne.   maisons ne
—   Cubains anciens et nouveaux.   comptent
Les Actions de la « Fondiaria », compagnie   que Fr. **0,50** c.
    d'assurances contre l'incendie.   par Action
—   de la Banque Ottomane.   ou Obligation.

Obligations Ottomanes.   Fr. **0,25** c.
—   des Chemins de fer Ottomans.   par Obligation
    (*Lots Turcs.*)   **à terme**
    ou **au comptant.**

TABLEAU

DES

USANCES DE LA BOURSE DE PARIS

POUR LES

VALEURS INTERNATIONALES

USANCES DE LA BOURSE DE PARIS

DÉSIGNATION DES VALEURS	MINIMUM NÉGOCIABLE A TERME			
	EN RENTE		EN CAPITAL	
	MONNAIE ÉTRANGÈRE	FRANCS	MONNAIE ÉTRANGÈRE	FRANCS
AUTRICHE-HONGRIE				
Lombards actions	. . .	. . .	. . .	. . .
Autrichiens —	. . .	. . .	. . .	. . .
Rente Autr. or 4 °/₀ **au Parquet.**	flor. 800	. . .	flor. 20.000	50.000
— — **en Coulisse.**	— 400	. . .	— 10.000	25.000
Rente Hongr. or 6 °/₀ **au Parquet.**	— 1.200	. . .	— 20.000	50.000
— — **en Coulisse.**	— 600	. . .	— 10.000	25.000
Banque I. et R. priv. des Pays Autrichiens (*Laenderbank*). . .	. . .	. . .	. . .	. . .
Crédit Foncier d'Autriche	. . .	. . .	. . .	. . .
ÉGYPTE				
Obligations de la Dette unifiée 6 °/₀.				
— . privilégiées Chemins Égyptiens 5 °/₀ . .	. . .	. . .	. . .	. . .
— Daïra Sanieh.				

OUR LES VALEURS INTERNATIONALES

CHANGES FIXES pour CONVERTIR en francs	NOMINAL DES ACTIONS ou Obligations		OBSERVATIONS
	MONNAIE ÉTRANGÈRE	FRANCS	
. . . . .	flor. 200	500	Se traitent exclusivement **au Parquet** : à terme par minimum et par multiples de 25 actions, et au comptant par unités.
. . . . .	— 200	500	
r. 2,50 le fl.			Se traite à terme par multiples de fl. 800 de rente — — — — 400 — — — — — 1.200 — — — — — 600 —
. . . . .	flor. 200	500	(Dont fr. 250 = fl. 100 seulement versés.) Se traite **en Coulisse** à terme, par minimum et par multiples de 25 actions. Cette valeur sera prochainement cotée **au Parquet**.
. . . . .	— 200	500	(Dont fr. 200 = fl. 80 seulement versés.) Se traite exclusivement **au Parquet**: à terme, par minimum et par multiples de 25 actions, et au comptant par unités.
	£ st. 20	500	Ne rapportent actuellement que 4 %. Se traitent **au Parquet** et **en Coulisse** à terme, par minimum et par multiples de 25 obligations. Les opérations au comptant se font exclusivement **au Parquet** et par unités.
fr. 25 la £	— 20	500	
	— 20	500	Se cotent seulement **au Parquet**: à terme, par minimum et par multiples de 25 obligations et au comptant par unités. Presque toutes les affaires se font au comptant.

Au Parquet il se fait aussi des transactions importantes en ces deux Rentes au comptant.

USANCES DE LA BOURSE DE PARIS

DÉSIGNATION DES VALEURS	MINIMUM NÉGOCIABLE A TERME			
	EN RENTE		EN CAPITAL	
	MONNAIE ÉTRANGÈRE	FRANCS	MONNAIE ÉTRANGÈRE	FRANCS
ESPAGNE				
Rente Extérieure 3 °/o	pias. 300	. . .	piast. 10.000	54.000
— Intérieure 3 °/o	— 300	. . .	— 10.000	54.000
— Extérieure 2 °/o	. . .	. . .	— 10.000	54.000
— Intérieure 2 °/o	. . .	. . .	— 10.000	54.000
Obligations Ville de Madrid 1868 .	. . .	. . .	. . .	. . .
Chemins de fer de Madrid à Saragosse, actions	. . .	. . .	. . .	. . .
Chemins de fer de Madrid à Saragosse, obligations	. . .	. . .	. . .	. . .
Chemins de fer Nord de l'Espagne, obligations	. . .	. . .	. . .	. . .
Chemins de fer Nord de l'Espagne, actions	. . .	. . .	. . .	. . .
Banque Hypothécaire d'Espagne .	. . .	. . .	. . .	. . .
Actions Rio-Tinto	. . .	. . .	. . .	. . .
Obligations Rio-Tinto 5 °/o . . .	. . .	. . .	. . .	. . .

OUR LES VALEURS INTERNATIONALES (SUITE)

HANGES FIXES pour CONVERTIR en francs	NOMINAL DES ACTIONS ou Obligations		OBSERVATIONS
	MONNAIE ÉTRANGÈRE	FRANCS	
r. 5,40 la pias.	. . . . . .		Se traitent généralement **en Coulisse** à terme, par multiples de 300 piastres de rente (10,000 piastres capital). Ces deux Fonds ne rapportent effectivement que 1 °/₀ actuellement, mais ce taux d'intérêt doit être élevé dans un avenir prochain.
r. 5,40 la pias.	. . . . . .		Se traitent généralement **en Coulisse** à terme, par multiples de 10.000 piastres capital.
. . . . . .	. . . . .	100	Se traitent exclusivement **en Coulisse** au comptant, par unités.
. . . . . .	réaux 1.900	500	Se traitent exclusivement **au Parquet** : à terme, par minimum et par multiples de 25 actions, et au comptant, par unités.
. . . . . .	— 1.900	500	Se traitent exclusivement **au Parquet**, au comptant, par unités.
. . . . . .	— 1.900	500	
. . . . . .	— 1.900	500	Se traitent exclusivement **au Parquet** : à terme, par minimum et par multiples de 25 actions, et au comptant, par unités.
. . . . . .	peset. 500	500	(Dont fr. 200 seulement versés.) Se traite **au Parquet** et **en Coulisse** à terme, par minimum et par multiples de 25 actions. Les opérations au comptant ne se font qu'**au Parquet** et par unités.
. . . . . .	£ st. 20	500	Se traitent exclusivement **en Coulisse**, par minimum et par multiples de 25 actions à terme, et par unités. au comptant.
. . . . . .	— 20	500	Se traitent exclusivement **en Coulisse**, par minimum et par multiples de 25 obligations à terme, et par unités, au comptant.

Ces Rentes sont aussi cotées à terme et au comptant **au Parquet** mais elles n'y donnent lieu qu'à des transactions insignifiantes.

USANCES DE LA BOURSE DE PARIS

DÉSIGNATION DES VALEURS	MINIMUM NÉGOCIABLE A TERME			
	EN RENTE		EN CAPITAL	
	MONNAIE ÉTRANGÈRE	FRANCS	MONNAIE ÉTRANGÈRE	FRANCS
ESPAGNE (SUITE)				
Billets Cubains anciens 6 %				
— nouveaux 6 %				
Billets Hypothécaires 6 %				
FRANCE				
Rente 5 %		2.500		50.000
— 3 %		1.500		50.000
— 3 % amortissable		1.500		50.000
ITALIE				
Rente Italienne 5 %		2.500		50.000
La « Fondiaria » (Compagnie d'assurances contre l'incendie)				

OUR LES VALEURS INTERNATIONALES (SUITE)

ANGES FIXES pour ONVERTIR en francs	NOMINAL DES ACTIONS ou Obligations		OBSERVATIONS
	MONNAIE ÉTRANGÈRE	FRANCS	
. . . . . .	Peset. 500	500	Se traitent généralement **en Coulisse**, par minimum et par multiples de 25 obligations à terme, et par unités, au comptant. Se cotent de la même manière **au Parquet**, où ils donnent lieu quelquefois à des transactions de peu d'importance, soit à terme, soit au comptant.
. . . . . .	— 500	500	Se traitent exclusivement **en Coulisse** : à terme, par minimum et par multiples de 25 obligations ;
. . . . . .	— 500	500	au comptant, par unités.
. . . . . .	. . . .	. . .	Se traite à terme p. multiples de fr. 2.500 de rente
. . . . . .	. . . .	. . .	— — — 1.500 —
. . . . . .	. . . .	. . .	— 1.500 —
. . . . . .	. . . . . .	. . .	Se traite exclusivement **au Parquet**, par minimum et par multiples de fr. 2.500 de rente à terme. Les fractions inférieures ne se font qu'au comptant.
. . . . . .	. . . . . .	500	(Dont fr. 100 seulement versés.) Se traite exclusivement **en Coulisse** : à terme, par minimum et par multiples de 25 actions, et au comptant, par unités.

Au Parquet, ces Rentes se cotent au comptant et à terme ; toutes les fractions inférieures aux minimums indiqués ne peuvent se faire qu'au comptant. **En Coulisse**, elles se traitent seulement à terme.

USANCES DE LA BOURSE DE PARIS

DÉSIGNATION DES VALEURS	MINIMUM NÉGOCIABLE A TERME			
	EN RENTE		EN CAPITAL	
	MONNAIE ÉTRANGÈRE	FRANCS	MONNAIE ÉTRANGÈRE	FRANCS
PÉROU				
Rente Péruvienne 5 %		2.500	£ st. 2.000	50.000
— — 6 %		1.500	— 1.000	25.000
RUSSIE				
Emprunt Oriental, 2e série, 5 %		2.500	R° 12.500	50.000
— — 3e — 5 %		2.500	— 12 500	50.000
— Russe 1862 5 %			£ st. 2.000	50.400
— — 1870 5 %			— 2.000	50.400
— — 1873 5 % au Parquet			— 2.000	50.400
— — — en Coulisse . . .		2.500	. . . . .	50.000
— — 1875 4 1/2 %			£ st. 2.000	50.400
— — 1877 5 %		2.500	— 2.000	50.000

POUR LES VALEURS INTERNATIONALES (SUITE)

CHANGES FIXES pour CONVERTIR en francs	NOMINAL DES ACTIONS ou Obligations		OBSERVATIONS
	MONNAIE ÉTRANGÈRE	FRANCS	
. . . . . . fr. 25 la £	. . . .	. . . .	Se traite **en Coulisse** à terme, par multiples de fr. 2.500 de rente. Les opérations en rente 5 % sont presque nulles. Se traite **en Coulisse** à terme, par multiples de fr. 1.500 de rente.
fr. 4 le R°	. . . .	. . .	Ces Fonds se traitent spécialement **en Coulisse**, par multiples de fr. 2.500 de rente à terme. Les fractions inférieures se font au comptant **au Parquet**, où on les cote aussi à terme, mais les transactions n'y sont pas importantes. Les opérations en Emprunt Oriental, 2e série, sont insignifiantes.
. . . . . . fr. 25,20 la £	. . . .	. . .	Se traitent généralement **au Parquet** au comptant. Les affaires à terme sont rares ; elles se font par multiples de £ 2.000 capital.
. . . . . .	. . . .	. . .	Se traite par multiples de £ 2.000 capital à terme. Les fractions inférieures ne peuvent se négocier qu'au comptant.
fr. 25 » la £	. . . .	. . .	Se traite exclusivement à terme, par multiples de fr. 2.500 de rente.
— 25,20 —	. . . .	. . .	Se traite généralement **au Parquet** au comptant. Les affaires à terme sont rares ; elles se font par multiples de £ 2.000 capital.
— 25 » —	. . . .	. . .	La majeure partie des affaires se fait **en Coulisse**, où on le traite à terme, par multiples de fr. 2.500 de rente. On le cote aussi à terme **au Parquet**, par multiples de £ 2.000 capital. Les fractions inférieures ne se traitent qu'au comptant.

Ces Rentes se cotent aussi au comptant et à terme **au Parquet**, mais elles n'y donnent lieu qu'à de rares transactions.

DÉSIGNATION DES VALEURS	MINIMUM NÉGOCIABLE A TERME			
	EN RENTE		EN CAPITAL	
	MONNAIE ÉTRANGÈRE	FRANCS	MONNAIE ÉTRANGÈRE	FRANCS
RUSSIE (SUITE)				
Emprunt Russe 1880 4 °/₀	. . . .		. . . .	.
— — 1867 4 °/₀ Nicolas.				
— — 1869 4 °/₀ —				
TURQUIE				
Emprunt Turc 5 °/₀	. . .	2.500	. . . .	50.000
Banque Ottomane			. . . .	. .
Obligations Ottomanes 6 °/₀ 1860-1863-65-69-73	. . .	. .	. . . .	. . .
Obligations Chemins de fer Ottomans (Lots Turcs)	. . .	. .	. . .	. . .

~~P~~OUR LES VALEURS INTERNATIONALES (SUITE)

CHANGES FIXES pour CONVERTIR en francs	NOMINAL DES ACTIONS ou Obligations		OBSERVATIONS
	MONNAIE ÉTRANGÈRE	FRANCS	
fr. 4 le R° / fr. 25 la £	R° 125 / £ st. 20 / — 20	500 / 500 / 500	Se traitent généralement **au Parquet,** au comptant, par unités.
. . . . .	. . . . .	. . .	Se traite presque toujours **en Coulisse,** à terme, par multiples de fr. 2.500 de rente. Les fractions inférieures ne peuvent se négocier qu'au comptant, **au Parquet,** où cette valeur se cote aussi à terme, mais sans donner lieu à des transactions suivies.
fr. 25 la £	£ st. 20	500	(Dont £ 10 = fr. 250 seulement versés.) Les principales affaires se font **en Coulisse** à terme, par minimum et par multiples de 25 actions. Les fractions inférieures ne peuvent se négocier qu'au comptant, **au Parquet,** où cette valeur est aussi cotée à terme, sans donner lieu à d'importantes transactions.
fr. 25 la £	£ st. 20	500	Se cotent **au Parquet** et **en Coulisse.** A terme, les transactions se font par minimum et par multiples de 25 obligations; au comptant, par unités. **En Coulisse,** il se fait des affaires suivies en Obligations Ottomanes 1873; les autres séries ne donnent lieu qu'à des opérations de moindre importance.
. . . . .	. . . . .	400	Se traitent exclusivement **en Coulisse :** à terme, par minimum et par multiples de 25 obligations; et au comptant, par unités.

Nous n'avons pas mentionné dans nos tableaux les Obligations Hongroises ;

—   Domaniales d'Autriche ;

—   Chemin de fer Kronprinz Rodolphe ;

—   Lombardes anciennes et nouvelles ;

—   Autrichiennes ancien réseau, 1re et 2e hypothèques ;

—   Autrichiennes, nouveau réseau

qui se traitent exclusivement **au Parquet,** au comptant et par unités.

MANIÈRE DE CALCULER LES FONDS D'ÉTAT ÉTRANGERS

QUI SE COTENT EN %

Pour trouver le montant en Francs d'un achat ou d'une vente de Fonds Étrangers qui se traitent en % :

Multiplier le capital en francs par le cours et diviser par 100.

Pour obtenir le Capital en Francs :

Remplacer les termes de la formule suivante par les chiffres équivalents :

$$\frac{\text{Montant de rente en monnaie étrangère} \times 100}{\text{Taux d'intérêt}} \times \text{change fixe}$$

Exemple : *Soit un achat de*

fl. 2,400 Rente Hongroise 6 % au cours de 97.

Pour en connaître le montant en Francs, je fais le calcul suivant, conformément à la formule ci-dessus, c'est-à-dire :

$$\frac{2,400 \times 100}{6} \times 2,50 = \text{fr. } 100.000$$

$$\frac{\text{fr. } 100.000 \text{ capital} \times 97}{100} = \text{fr. } 97.000.$$

Nous rappelons que le produit en Francs

de fr. 5.000 de Rente Italienne 5 °/₀

— 5.000 — Russe 1877 5 °/₀

— 5.000 — — Orient 5 °/₀

— 5.000 — Péruvienne 5 °/₀

— 6.000 — — 6 °/₀

— 5.000 — Turque 5 °/₀

de fl. 1.600 — Autrichienne or 4 °/₀

— 2.400 — Hongroise or 6 °/₀

est égal pour chacune de ces valeurs au cours *multiplié par 1,000.*

Si l'on désire trouver le produit de quantités inférieures ou supérieures aux montants indiqués, on n'a qu'à établir la proportion.

A la Bourse de Paris, le **Détachement des Coupons** se fait de la manière suivante :

1° Rentes Françaises :

Rente 3 °/₀

16 mars.
16 juin.
16 septembre
16 décembre.
} Le paiement s'effectue seulement le 1er du mois suivant au Trésor Public.

Rente 3 °/₀ amortissable.

1er janvier.
1er avril.
1er juillet.
1er octobre.
} Le paiement s'effectue seulement le 16 du même mois au Trésor Public.

Rente 3 °/₀

1er février.
1er mai.
1er août.
1er novembre
} Le paiement s'effectue seulement le 16 du même mois au Trésor Public.

2º Valeurs se cotant exclusivement à terme ou se cotant à la fois à terme et au comptant :

Le coupon se détache le dernier jour de la Liquidation.

3º Valeurs se cotant exclusivement au comptant :

Le coupon se détache le jour de l'échéance.

4º Valeurs se traitant simultanément au Parquet et en Coulisse :

Le Coupon se détache généralement le même jour sur les deux marchés.

COUPONS DONNANT LIEU A DES AFFAIRES D'ARBITRAGES

Il y a trois moyens de toucher le montant des coupons des Valeurs Internationales, savoir :

1º Les encaisser à Paris ;

2º Les vendre à Paris sur le marché ;

3º Les remettre à l'Étranger.

Il faut naturellement choisir le moyen le plus avantageux, en tenant compte, en cas d'envoi à l'Étranger, des frais éventuels d'assurance et de la perte d'intérêts, etc.

Autriche-Hongrie :

Rente Autrichienne or 4 °/₀. — Les Coupons se paient à Paris à raison de fr. 2,50 le florin. Comme ils s'encaissent à Berlin à raison de Rm 81 pour fr. 100, il y a avantage à les y envoyer, quand sur cette place le change du Paris réduit à vue est sensiblement inférieur à Rm 81.

Rente Hongroise Or 6 °/₀. — Les coupons se paient à des cours variables, généralement avec une prime sur le change de fr. 2,50 le florin ou de fr. 25 la £ sterling.

Rentes 5 %, Argent et Papier — Les coupons de ces Rentes sont soumis à un impôt de 16 %, ce qui en réduit le taux à 4,20 %. Ils se paient à Paris à un cours généralement inférieur au change sur Vienne réduit à vue. (Quand l'argent fait prime à Vienne, le cours des coupons de la Rente Argent s'améliore en conséquence.)

Obligations Lombardes anciennes (*).   Les coupons se
—   —   nouvelles (*).   paient à Berlin à
—   **Hongroises.**   raison de Rm 80
Actions chemins de fer Autrichiens.   pour fr. 100.

Il y a donc avantage à les faire venir de Berlin pour les encaisser à Paris quand le change sur Paris réduit à vue est sensiblement supérieur à Rm 80.

Obligations autrichiennes ancien et nouveau réseaux. — Les coupons se paient à Berlin à un change variable. Si ce change est fixé à un cours sensiblement supérieur à celui du change sur Paris, il faut naturellement envoyer lesdits coupons à Berlin ; si, au contraire, il est sensiblement inférieur. c'est à Paris qu'il faut les encaisser.

Égypte :

Dette Unifiée et **Chemins Égyptiens.** Ces coupons peuvent s'encaisser à Paris, mais il est souvent plus avantageux de les envoyer à Londres ou de les vendre sur le marché de Paris où ils se traitent aux environs du prix du chèque sur Londres(**). Ce cas se présente lorsque les Changes baissent à Alexandrie au-dessous du *Tarif*, parce qu'alors on envoie ces coupons de Londres en Égypte au lieu d'y expédier de l'or. (Voir « ALEXANDRIE. »)

(*) Ces coupons, dont le montant nominal est de 7 fr. 50 c., se paient actuellement, sous déduction d'un impôt de 1 franc, soit à 6 fr. 50.

(**) L'*Income Tax* ne se prélève à Londres que sur les coupons qu'on y encaisse. Il ne s'agit ici que d'une négociation . on n'a donc pas besoin d'*affidavit*.

Quoique ces coupons soient payables officiellement au Caire, on les envoie de préférence à Alexandrie, cette place étant la plus commerçante de l'Égypte et offrant, pour cette raison, plus de facilité pour les couvertures de change.

Espagne :

Rentes extérieures 1 °/₀ et 2 °/₀. — Les coupons se paient à raison de fr. 5,40 la piastre.

Rentes intérieures 1 °/₀ et 2 °/₀. — Les coupons se paient à Paris en traites tirées par la Commission des Finances Espagnoles sur le Trésor Espagnol à Madrid, et négociables ici au change du jour.

Billets Hypothécaires et Cubains. — Les coupons se paient à Paris à raison de fr. 5 la piastre.

Quand le change à vue sur Madrid est sensiblement supérieur à fr. 5, il est avantageux de les vendre sur le marché, où ils se traitent à un cours légèrement inférieur au change du jour, ou de les envoyer soi-même à Madrid.

(Voir « MADRID. »)

États-Unis d'Amérique :

Les coupons des Dettes des États-Unis ne peuvent s'encaisser qu'à New-York. On doit donc les vendre sur le marché de Paris ou sur celui de Londres, où ils se traitent, avec une légère différence, sur le cours du Dollar or à vue. (Voir « NEW-YORK. »)

Russie :

Emprunts Extérieurs. — Les coupons des *Séries Extérieures* d'Emprunts Russes (voir le détail au chapitre « BERLIN») se traitent spécialement à Berlin, avec une différence variable sur le cours du change de la £ stg. Il est presque toujours plus avantageux de vendre ces coupons sur le marché de Paris ou sur celui de Berlin que de les encaisser dans les maisons chargées officiellement d'en effectuer le paiement à Paris.

Emprunts Intérieurs dits **d'Orient.** — Les coupons de ces Emprunts se paient à Paris à un cours variable, fixé chaque jour par les maisons qui sont officiellement chargées du paiement de ces coupons.

Ce cours est celui du Rouble à vue, coté la veille du jour où l'on présente les coupons à l'encaissement.

N. B. Pour établir l'équivalent en °/₀ de la valeur du coupon sur le cours des **Emprunts d'Orient**, on procède de la manière suivante : le coupon semestriel étant de 2 1/2 Roubles pour 100 Roubles capital, supposons qu'il soit payable au change de fr. 2,60 le Rouble, c'est-à-dire fr. 6,50 pour 2 1/2 Roubles. Les **Emprunts d'Orient** se traitant au change fixe de fr. 4 pour 1 Rouble, il en résulte que $\dfrac{6.50}{4}$ soit 1,62 1/2, sera le montant en °/₀ de la valeur du coupon. Donc, si le cours de l'**Emprunt d'Orient** 3ᵉ **série** est 60 avant le détachement du coupon, la parité **ex**-coupon sera 58.37 1/2.

Pour obtenir ce résultat sans raisonnement, voici la formule dont il faut faire emploi :

$$\text{Cours de l'Emprunt d'Orient (avant le détachement du Coupon)} - \frac{\text{Cours du rouble auquel se paie le coupon} \times 10}{16} = \text{Cours de l'Emprunt d'Orient ex-coup.}$$

HOLLANDE

AMSTERDAM

Coût d'une dépêche simple, 0 fr. 22 $^1/_2$ c. par mot.
Coût d'une dépêche urgente, 0 fr. 67 $^1/_2$ c. par mot.

HEURES DE BOURSE

L'ouverture de la Bourse a lieu vers 1 h. 30 m. et la clôture à 2 h. 45 m.; mais on continue à faire des affaires jusqu'à 3 h. 15 m. environ. souvent même jusqu'à 3 h. 30 m.

DIFFÉRENCE D'HEURE

L'heure d'Amsterdam **avance** de 10 minutes sur celle de Paris.

LIQUIDATION

Toutes les affaires se font généralement au comptant à Amsterdam. Il est rare que l'on fasse des opérations au 15 ou à la fin du mois.

OBSERVATIONS

Les coupures de Turc inférieures à £ 50 capital ne sont pas livrables.

Les principaux **jours fériés** sont :

> Le 1er janvier;
> Le lundi de Pâques;
> L'Ascension;
> Le lundi de Pentecôte;
> Le 25 décembre (Noël);
> Le 26 décembre.

Le tarif de la Banque de Hollande pour l'or et les monnaies d'or étant variable, nous n'avons pu en établir la parité théorique.

Du reste, en connaissant le prix du kilo d'or ou des monnaies d'or à Amsterdam et celui du kilo ou de la pièce à Paris, il est facile de l'établir soi-même.

Les **frais** pour les **envois d'or** sont :

> Transport, $1\ ^1/_2\ ^o/_{oo}$ environ.
> Assurance *éventuelle*,
> Perte d'intérêts,
> Menus frais.

ROTTERDAM

Le coût d'une dépêche est le même que pour Amsterdam.

HEURES DE BOURSE

La Bourse officielle a lieu de 12 h. 30 m. à 2 heures et de 3 h. 30 m. à 4 heures.

DIFFÉRENCE D'HEURE

L'heure de Rotterdam **avance** de 9 minutes sur celle de Paris.

AMSTERDAM

Rente hollandaise 4 °/o.	1er juin, 1er décembre. .
— — 3 °/o.	1er mars, 1er septembre.
— — certific. franç. 2 1/2 °/o.	1er janvier, 1er juillet . .
— espagnole intérieure ancienne . .	30 juin, 31 décembre . .
— — — nouvelle . .	30 juin, 31 décembre . .
— — extérieure ancienne . .	30 juin, 31 décembre . .
— — — nouvelle . .	30 juin, 31 décembre . .
Obligations ottomanes 1869	1er avril, 1er octobre. . .
Lots turcs.	1er avril, 1er octobre . .
Rente turque 5 °/o	13 janvier, 13 juillet . .
— péruvienne 5 °/o	1er janvier, 1er juillet . .
— — 6 °/o	1er janvier, 1er juillet . .
— autrichienne or.	1er avril, 1er octobre . .
— — argent.	1er janvier, 1er juillet . .
— — papier.	1er mai, 1er novembre .
— hongroise or	1er janvier, 1er juillet . .
Obligations Méridionales.	1er avril, 1er octobre . .
Actions Grands Chemins de fer Russes .	13 janvier, 13 juillet . .
— chemin de fer Sud-Ouest Russe.	13 janvier, 13 juillet . .
Lots russes 1864	13 janvier, 13 juillet . .
— 1866	13 mars, 13 septembre .
Obligations Nicolas 1867 et 1869	1er mai, 1er novembre. .
Russe 1862.	1er mai, 1er novembre. .
— 1872.	1er avril, 1er octobre . .
— 1875.	1er avril, 1er octobre . .
— 1873 au parquet.	1er juin, 1er décembre. .
— — en coulisse.	1er juin, 1er décembre. .
— 1877.	1er janvier, 1er juillet . .
— 1880.	13 mai, 13 novembre . .
Emprunt Oriental 2e série..	13 janvier, 13 juillet . .
— — 3e série..	13 mai, 13 novembre . .
— portugais 3 °/o.	1er janvier, 1er juillet . .
Dette égyptienne unifiée.	1er mai, 1er novembre . .
Obligations des chemins de fer égyptiens	15 avril, 15 octobre . . .

AMSTERDAM

(Cours + Intérêts « 4 °/₀ sur 100, soit 0,33 par mois ») : 2,10
(— — « 3 °/° — 0,25 — ») : 2,10
(— — « 2 ¹/₂ °/₀ — 0,20^8 — ») × 47,50
(— — « 1 °/₀ — 0,08^3 — ») : 2,16
(— — « 2 °/₀ — 0,16^6 — ») : 2,16
(— — « 1 °/₀ — 0,08^3 — ») : 2,16
(— — « 2 °/₀ — 0,16^6 — ») : 2,16
(— — « 6 °/₀ — 0,50 — ») : 4
(— — « 3 °/₀ — 0,25 — ») × 2

(— — « 5 °/₀ — 0,41^7 — ») × 48

(— — « 6 °/₀ — 0,50 — ») —
(— — « 4 °/₀ — 0,33 — ») —

(— — « 5 °/₀ — 0,41^7 — ») —

(— — « 6 °/₀ — 0,50 — ») —
(— — « 3 °/₀ — 0,25 — ») : 4
(— — « 5 °/₀ — 0,41^7 — ») : 4

(— — « 5 °/₀ — 0,41^7 — ») × 2

(— — « 4 °/₀ — 0,33 — ») × 24

(— — « 5 °/₀ — 0,41^7 — ») : 2,10

(— — « 4 ¹/₂ °/₀ — 0,37^5 — ») —
(— — « 5 °/₀ — 0,41^7 — ») —

(— — « — — ») × 48

(— — « 4 °/₀ — 0,33 — ») : 4

(— — « 5 °/₀ — 0,41^7 — ») : 2

(— — « 3 °/₀ — 0,25 — ») × 47,52
(— — « 4 °/₀ — 0,33 — ») × 24
(— — « 5 °/₀ — 0,41^7 — ») —

☞ Multiplier chaque résultat par le change à vue de l'Amsterdam à Paris ou le diviser par le change à vue du Paris à Amsterdam.

Rente française 3 %	1er janvier, 1er avril, 1er juillet, 1er octobre .
— — 5 %	16 février, 16 mai, 16 août, 16 novembre . . . . .
— italienne 5 %	1er janvier, 1er juillet . .
Emprunt américain 5 %	1er février, 1er mai, 1er août, 1er novembre . . . . .
— — 4 1/2 %	1er mars, 1er juin, 1er septembre, 1er décembre .
— — 4 %	1er janvier, 1er avril, 1er juillet, 1er octobre .
Coupons Rente espagnole intérieure	
— — extérieure	
— Portugais	

(Cours $+$ intérêt « 3 °/₀ sur 100, soit 0,25 par mois ») $\times$ 5

(—   —   « 5 °/₀   —   0,41⁷   —   ») —

(—   —   « 4 ¹/2 °/₀ —   0,37⁵   —   ») —

(—   —   « 4 °/₀   —   0,33   —   ») —

Multiplier chaque résultat par le change à vue de l'Amsterdam à Paris ou diviser par le change à vue du Paris à Amsterdam.

Cours tel quel *multiplié par* change à vue de l'Amsterdam à Paris ou *divisé par* change à vue du Paris à Amsterdam.

Se traitent à Amsterdam comme du Paris à vue.

ITALIE

FLORENCE

Coût d'une dépêche simple : 0 fr. 25 c. par mot.
Coût d'une dépêche urgente : 0 fr. 75 c. par mot.

Plus tard, lorsque le rendement de la taxe aura atteint le chiffre qu'il produisait avant le 1er avril 1880 plus un cinquième, on abaissera le tarif à 0 fr. 20 c. par mot pour les dépêches simples et à 0 fr. 60 c. pour les dépêches urgentes.

HEURES DE BOURSE

Bourse officielle de 10 heures à 11 heures du matin.
Il se fait aussi des affaires le soir, en hiver, comme dans les autres villes d'Italie.

DIFFÉRENCE D'HEURE

L'heure de Florence **avance** de 36 minutes sur celle de Paris.

LIQUIDATION

La liquidation a lieu deux fois par mois.

GÊNES

Pour la taxe des dépêches, voir **Florence**.

HEURES DE BOURSE

Bourse officielle, de midi à 3 heures.
Il y a également petite Bourse le soir, en hiver, comme dans les autres villes d'Italie.

DIFFÉRENCE D'HEURE

L'heure de Gênes **avance** de 27 minutes sur celle de Paris.

LIQUIDATION

A moins de stipulation spéciale, les affaires s'entendent pour la fin du mois.

MILAN

Pour la taxe des dépêches, voir **Florence**.

HEURES DE BOURSE

Bourse officielle de 2 heures à 3 h. 30 de l'après-midi.
En hiver, il y a aussi réunion dans la soirée.

DIFFÉRENCE D'HEURE

L'heure de Milan **avance** de 27 minutes sur celle de Paris.

LIQUIDATION

Il y a deux liquidations par mois.

NAPLES

Pour la taxe des dépêches, voir **Florence**.

HEURES DE BOURSE

Bourse officielle, de midi à 3 heures.
Il y a aussi petite Bourse le soir, mais seulement en hiver.

DIFFÉRENCE D'HEURE

L'heure de Naples **avance** de 48 minutes sur celle de
Paris.

LIQUIDATION

La liquidation a lieu deux fois par mois.

ROME

Pour la taxe des dépêches, voir **Florence**.

HEURES DE BOURSE

Bourse officielle : de 10 h. à 11 h. du matin.
En hiver, il y a petite Bourse le soir, de 8 heures à 9 heures environ.

DIFFÉRENCE D'HEURE

L'heure de Rome **avance** de 40 minutes sur celle de Paris.

LIQUIDATION

La liquidation a lieu deux fois par mois.

OBSERVATIONS

Les changes subissant de fortes variations en Italie, on a l'habitude, en faisant des affaires avec toutes les places italiennes, de faire couvrir chaque opération par du change sur Paris, sur Londres ou par des Napoléons, afin de ne pas rester en spéculation.

On ne compte généralement aucun courtage en Italie. Les cours s'entendent *tels quels*, c'est-à-dire intérêts compris.

Les **jours fériés** sont très-nombreux en Italie. Ils diffèrent selon les villes.

Les coupons et dividendes sont frappés en Italie d'un impôt de 13,20 °/₀.

TURIN

Pour la taxe des dépêches, voir **Florence**.

HEURES DE BOURSE

Bourse officielle, de 11 heures du matin à midi.

Il y a aussi réunion de 4 h. 30 m. à 5 heures de l'après-midi.

En outre, on fait des affaires le soir, pendant l'hiver, comme dans les autres villes d'Italie.

DIFFÉRENCE D'HEURE

L'heure de Turin **avance** de 21 minutes sur celle de Paris.

LIQUIDATION

A moins de stipulation contraire, les affaires s'entendent pour la fin du mois.

ITALIE

Italien 5 °/₀	1ᵉʳ janvier, 1ᵉʳ juillet . .
— 3 °/₀	1ᵉʳ avril, 1ᵉʳ octobre . .
Turc 5 °/₀	1ᵉʳ janvier, 1ᵉʳ juillet . .
Obligations Méridionales	1ᵉʳ avril, 1ᵉʳ octobre . .
— Domaniales	1ᵉʳ avril, 1ᵉʳ octobre . .
Actions Crédit Mobilier Italien	. . . .
— Tabacs d'Italie	1ᵉʳ janvier, 1ᵉʳ juillet . .
Obligations Tabacs d'Italie 1868	1ᵉʳ janvier, 1ᵉʳ juillet . .

ITALIE

Cours : par change du Paris en Italie.

(Cours — 100 lires) : par change du Paris en Italie. Ajouter 100 fr
au produit trouvé.
(Cours — 150 lires) : par change du Paris en Italie. Ajouter 150 fr.
au produit trouvé.
Cours : par change du Paris en Italie.

RUSSIE

ODESSA

Coût d'une dépêche simple : 0 fr. 60 c. par mot.
Coût d'une dépêche urgente : 1 fr. 80 par mot.

Dans le cas où la ligne directe serait interceptée', on peut envoyer des dépêches « via Péra », qui arrivent plus vite, mais qui coûtent plus cher.

HEURES DE BOURSE

Il n'y a pas d'heure fixe ; on fait des affaires toute la journée et même le soir.

DIFFÉRENCE D'HEURE

L'heure d'Odessa **avance** sur celle de Paris de 1 h. 54 m.

LIQUIDATION

On fait ordinairement les affaires à terme, c'est-à-dire à fin du mois courant ou des mois suivants.

OBSERVATIONS

Nous avons mentionné le calcul de l'Emprunt Oriental 11ᵉ série seulement pour mémoire, car il ne s'en fait pas couramment.

On fait de très-grandes affaires à Odessa en Emprunt

Oriental IIIe série ainsi qu'en Changes à livraison sur France et sur Londres.

Odessa a perdu beaucoup de son importance depuis que les exportations de blé de Russie ont été suspendues à cause de la mauvaise récolte dont ce pays a eu à souffrir.

Nous croyons utile de rappeler que la fin du mois à Odessa (comme dans toute la Russie) correspond ici au 12 du mois suivant de notre style ; il faudra donc tenir compte de la différence de liquidation entre les deux places.

ODESSA

Emprunt Oriental, 2e série.	13 janvier, 13 juillet . .
— 3e série.	13 mai, 13 novembre . .
Change sur France	
Parité du change sur Londres.	

Le **courtage** sur les opérations de Changes et de Fonds Publics ne se paie qu'à la vente ; il est de $1/8°/_0$ sur l'effectif.

Vu les brusques variations auxquelles les changes sur l'étranger sont exposés, on a l'habitude de faire couvrir chaque opération en faisant acheter ou vendre la somme équivalente en change, à Odessa.

Les affaires ne sont pas suspendues les dimanches et jours fériés, mais le marché est généralement très-restreint ces jours-là.

ODESSA

(Cours + Intérêts « $5°/_0$ sur 100, soit $0,41^7$ par mois ») : 4. Multiplier le chiffre trouvé par le change du Rouble à vue.

Déduire 3 mois au taux de la Banque de France pour obtenir le cours à vue.

Déduire 3 mois au taux de la Banque d'Angleterre du cours du Londres à Paris et diviser le chiffre trouvé par le cours du Londres à Odessa. **On obtient ainsi le cours du Rouble à vue.**

SAINT-PÉTERSBOURG

Coût d'une dépêche simple : 0 fr. 60 c. par mot.
Coût d'une dépêche urgente : 1 fr. 80 c. par mot.

Il est bon de se faire adresser les dépêches de Pétersbourg « Réponse payée ». L'Administration des Télégraphes délivre un reçu sur lequel la somme payée en roubles est convertie en francs à raison de 4 francs par rouble.

Le Télégraphe accepte naturellement ces reçus en paiement; on peut, au besoin, se les faire rembourser à Saint-Pétersbourg.

HEURES DE BOURSE

La Bourse des Fonds Publics ouvre officiellement à 3 h. 30 m. et finit à 4 h. 30 m., mais on fait déjà des affaires à partir de 10 h. du matin.

DIFFÉRENCE D'HEURE

L'heure de Saint-Pétersbourg **avance** de 1 h. 52 m. sur celle de Paris.

LIQUIDATION

Les affaires se font généralement au comptant, mais il s'en fait aussi à courte livraison et à long terme.

OBSERVATIONS

Il y a un très-grand marché *à livraison* pour les affaires de Changes, principalement sur la France et sur Londres. La spéculation est souvent fortement engagée en Changes, d'où il résulte que de grandes variations se produisent fréquemment.

Le peu de stabilité du Change en Russie provient surtout de la situation monétaire du pays. La circulation fiduciaire augmente sans cesse, et le métal devient de plus en plus rare. Seule, une bonne récolte pourrait améliorer la situation financière de la Russie et provoquer une baisse des Changes.

Pour ne pas rester en spéculation, on fait couvrir chaque opération par la somme de Change équivalente, comme à Odessa.

La **Bourse officielle des Changes** a lieu le mardi et le vendredi, mais on traite aussi beaucoup d'affaires les autres jours. Cependant, la Cote des Changes ne se fait que les deux jours désignés ci-dessus.

On remarquera dans la pratique que le cours de l'Emprunt Oriental suit absolument les fluctuations du Change, ce qui est logique, puisque c'est un Emprunt *papier*.

Nous avons calculé les 1/2 impériales de Russie sur la base de 6 gr. 540, moyenne du poids des pièces en circulation, et de 3,148 fr. 29 c., prix fixe pour 1 kilogramme de ces pièces à Paris. Vu la situation du change sur la Russie qui paraît devoir se maintenir longtemps encore dans son état de faiblesse actuel, nous n'avons pris en considération que le cas d'**exportation** des 1/2 impériales de Russie. Pour mémoire, nous rappellerons que l'exportation d'or en barres est interdite en Russie.

Afin de pouvoir établir une comparaison avec le Change, il nous a semblé plus pratique de faire ressortir le prix du Rouble par le calcul des 1/2 impériales. Tous les frais sont à retrancher du cours obtenu. Dans le cas où l'on obtiendrait à Paris une prime sur le prix de 3,148 fr. 29 c. par kilogramme, cette prime devrait être ajoutée au résultat trouvé, puisqu'elle constitue un bénéfice.

Règle de chaîne explicative :

Combien de francs	pour 1 rouble
Si *(cours de la 1/2 impé-*	
riale à St-Pétersbourg).	pour 1/2 impériale
Si 1/2 impériale	pèse 6 gr. 540
Si 1,000 grammes	valent 3,148 fr. 29 c. fixe

Frais à déduire du cours obtenu :

Courtage éventuel à Saint-Pétersbourg .	1 °/₀₀
Frais de transport et d'assurance.	3 °/₀₀
Perte d'intérêts, 8 jours environ.	
Faux frais.	1/4 °/₀₀

On a l'habitude de déclarer en Russie la valeur des envois de 1/2 impériales à raison de 5 roubles 15 kopecks par pièce et d'assurer la différence entre 5 roubles 15 kopecks et le cours de la pièce. Cette différence constitue l'**agio**.

Les 1/2 impériales s'emploient souvent comme couverture contre des opérations en Fonds Publics.

Le **Courtage** sur les opérations de Changes et de Fonds Publics est de **1/8 °/₀** sur l'effectif et ne se paie qu'à la vente.

La Bourse est fermée le samedi, le dimanche et les jours fériés. Cependant, le samedi il y a réunion jusqu'à midi, le dimanche et les jours fériés de 11 heures du matin à 1 heure. Mais ces jours-là, le marché est généralement très-restreint.

Les jours fériés sont (*nouveau style*) :

Le 6 janvier,
Le 7 janvier;
Le 8 janvier;
Le 13 janvier;
Le 18 janvier;
Le 14 février ;
Le 6 avril;
Le 16 avril ;
Le 17 avril ;
Le 18 avril;
Le 21 mai;
Le 4 juin ;
Le 5 juin;
Le 11 juillet ;
Le 18 août;
Le 27 août;
Le 10 septembre ;
Le 20 septembre ;
Le 26 septembre ;
Le 8 octobre ;
Le 13 octobre ; •
Le 3 novembre ;
Le 3 décembre,
Le 18 décembre.

SAINT-PÉTERSBOURG

Russe 1862.	1er mai, 1er novembre . . ⎞
— 1870.	1er février, 1er août . . . ⎞
— 1872.	1er avril, 1er octobre . . ⎫
— 1875.	1er avril, 1er octobre . . ⎪
— 1873, au parquet.	1er juin, 1er décembre . ⎭
— — en coulisse	1er juin, 1er décembre. . ⎞
— 1877.	1er janvier, 1er juillet . . ⎭
— 1880.	13 mai, 13 novembre . . ⎪
Emprunt Oriental, 2e série.	13 janvier, 13 juillet . . ⎞
— 3e série.	13 mai, 13 novembre . . ⎭
Obligations Foncier Russe, 1re série. . .	1er janvier, 1er juillet . . ⎞
— — 4e et 5e séries.	1er février, 1er août . . . ⎫
— — Mutuel. . . .	1er janvier, 1er juillet . .
Actions Grands Chemins de fer Russes. .	13 janvier, 13 juillet . .
— Chemins de fer Sud-Ouest Russes	13 janvier, 13 juillet . . ⎫
Lots Russes 1864	13 janvier, 13 juillet. . . ⎭
— 1866	13 mars, 13 septembre .
Obligations Nicolas 1867 et 1869	1er mai, 1er novembre. .

Parité de la 1/2 impériale. . . . .

— du change sur Londres. . . . .

— — sur la France. . . . .

— — sur la Belgique . . . .

SAINT-PÉTERSBOURG

(Cours $+$ Intérêts « 5 °/₀ sur 100, soit 0,41⁷ par mois »)$\times$253,968

(—   —   « —   —   —   —   »)$\times$256

(—   —   « 4 °/₀ sur R° 125, soit R° 0,41⁷ par mois »)

(—   —   « 5 °/₀ —   100, —   0,41⁷   —   ») : 4

(—   —   « —   — R° 125, —   R° 0,52   —   »)

(—   —   « —   — R° 100, —   0,41⁷   —   »)

(—   —   « —   — R° 125, —   0,52   —   »)

(—   —   « —   — R° 100, —   0,41⁷   —   »)

(—   —   « 4 °/₀ — R° 125, —   0,41⁷   —   »)

Multiplier chaque résultat par le change du Rouble à vue.

20,5898 : cours de la pièce à Saint-Pétersbourg.

« Cours à Saint-Pétersbourg réduit à vue $\times$ cours du Londres à Paris » : 240.

Pour réduire à vue le cours du Londres à Saint-Pétersbourg, il faut en déduire 3 mois au taux de la Banque d'Angleterre.

Déduire du cours 3 mois au taux de la Banque de France.

Déduire du cours 3 mois au taux de la Banque de Belgique et ajouter au chiffre trouvé la prime de la Belgique cotée à Paris, ou en déduire la perte.

Chaque résultat donne le cours du Rouble à vue.

Cours à Saint-Pétersbourg réduit à vue × cours à Paris réduit à vue.

Pour réduire à vue le cours de la Hollande à Paris, ajouter 3 mois à 4 °/o.

Pour réduire à vue le cours de la Hollande à Saint-Pétersbourg, il faut en déduire 3 mois au taux de la Banque de Hollande.

Cours à Saint-Pétersbourg réduit à vue × cours à Paris réduit à vue.

Pour réduire à vue le cours de l'Allemagne à Paris, ajouter 3 mois à 4 °/o.

Pour réduire à vue le cours de l'Allemagne à Saint-Pétersbourg, il faut en déduire 3 mois au taux de la Banque de l'Empire d'Allemagne.

Chaque résultat donne le cours du Rouble à vue.

TURQUIE

CONSTANTINOPLE

Coût d'une dépêche simple :   0 fr. 60 c. par mot.
Coût d'une dépêche urgente : 1 fr. 80 c. par mot.

HEURES DE BOURSE

Il n'y a pas d'heure fixe pour les affaires. On en traite pendant toute la journée.

DIFFÉRENCE D'HEURE

L'heure de Constantinople **avance** sur celle de Paris de 1 h. 47 m.

LIQUIDATION

La liquidation a lieu deux fois par mois, mais on fait aussi des affaires importantes au comptant.

OBSERVATIONS

Nous nous sommes basé sur le change du Londres dans nos calculs, parce que le change sur la France n'a qu'une importance secondaire.

CONSTANTINOPLE

Turc 5 °/₀ . . . .

Lots Turcs. . . . .
Obligations Ottomanes 1863-65-69 . . . .
Parité du change sur Londres à 3 mois. . . . .

CONSTANTINOPLE

(Cours $\times$ 4 $\times$ change du Londres à vue à Paris) : change à vue du Londres à Constantinople.

(Cours en francs $\times$ change du Londres à vue à Paris) : (change à vue du Londres à Constantinople $\times$ 22,75).

Change du Londres à vue à Paris : change à vue du Londres à Constantinople. **On obtient ainsi le cours de la Livre turque à vue.**

Pour réduire à vue le cours du Londres à 3 mois à Constantinople, ajouter à ce cours 3 mois au taux de la Banque d'Angleterre.

APPENDICE

NEW-YORK

NEW-YORK

Coût d'une dépêche : 2 fr. 50 par mot.

Tout mot ayant plus de dix lettres ou trois chiffres compte double ; plus de vingt lettres ou six chiffres, triple, etc.

HEURES DE BOURSE

La Bourse dure de 10 heures du matin jusqu'à 5 heures du soir.

DIFFÉRENCE D'HEURE

L'heure de New-York **retarde** sur celle de Paris de 5 h. 5 m.

LIQUIDATION

On fait généralement les affaires au comptant, mais on en traite à terme, en stipulant l'époque à laquelle la livraison doit s'effectuer.

OBSERVATIONS

Les principales affaires en Fonds Américains se traitent à Londres, Francfort-sur-Mein et Amsterdam. Quoique ces Fonds n'aient qu'un marché tout à fait restreint à Paris, nous avons cru bien faire en indiquant néanmoins la manière de les calculer.

Pour les affaires en Fonds Publics, coupons, etc., entre les deux places, on fera bien de compter une perte d'intérêts de 28 jours environ, soit 14 jours pour l'envoi et 14 jours pour la rentrée des remises. Les frais d'assurance doivent aussi entrer en compte.

Pour les envois de matières d'or et d'argent, il y a le fret *en plus*:

Comme les cours des Changes s'entendent à New-York pour des effets non timbrés, on devra ajouter aux autres frais le timbre sur les remises que l'on a à recevoir.

On ne devra pas oublier de calculer le **courtage** éventuel sur les remises. Il est généralement de $1/16\ °/_0$, mais on fait souvent des affaires avec $1/32\ °/_0$ de courtage.

Nous ne pouvons pas préciser le coût du **fret** et de l'**assurance**, car chaque maison a des conventions spéciales avec les Compagnies de transports et d'assurances.

Les Compagnies abaissent quelquefois le tarif du fret quand on fait un envoi considérable.

Dans tous nos calculs, nous avons supposé l'or *au pair* à New-York. S'il n'en est pas ainsi, on doit tenir compte de la différence éventuelle en faisant l'arbitrage.

Les **jours fériés** à New-York sont :

Le 1er janvier ;

— 22 février (jour de naissance de Washington) ;

— 30 mai ;

— 4 juillet (anniversaire de la déclaration d'Indépendance) ;

— quatrième jeudi du mois de novembre (jour d'actions de grâce) ;

— 25 décembre (Noël).

Explications indispensables pour les envois d'or de Paris à New-York.

L'or est calculé sur la base de :

Fr. 3,437 par kilo, à Paris ; et
Doll. 800 pour 43 onces au titre de 900 millièmes, à New-York.

L'once équivaut à $31^{gr},1035$.

Pour faire la parité de l'or, c'est-à-dire le *point d'or*, on doit, après avoir fait le calcul indiqué plus loin, tenir compte des **frais** suivants :

1° Prime payée éventuellement sur l'or à Paris ;
2° Assurance, *environ* 1,75 °/₀₀ ;
3° Fret, *environ* 1,25 °/₀₀ ;
4° Perte d'intérêts, *environ* 28 jours ;
5° Faux frais, *environ* 0,25 °/₀₀ ;
6° Courtages éventuels à New-York et à Paris sur les remises ;
7° Timbre sur les retours, si ce sont des traites ;
8° Frais d'essai.

Généralement on préfère recevoir des remises en chèques, versements ou transferts par dépêche (*cable transfers*), pour ne pas rester en spéculation sur l'escompte, si les remises sont sur la France, ou sur le change si les remises sont sur l'étranger. De plus, on évite ainsi d'endosser du papier long.

Les *cable transfers* sont naturellement plus chers que les autres remises.

Quand les remises annoncées se composent d'effets sur l'étranger, on peut, pour s'assurer contre les fluctuations des changes, les vendre à livraison dans 15 jours.

Règles de chaîne explicatives.

1° *Envoi d'or en barres.*

Combien de francs	pour 1 dollar or
si 800 dollars or	pour 43 onces à $\frac{900}{1000}$
si 1 once	pèse 31 gr. 1035
si 10 gr. à $\frac{900}{1000}$	contiennent 9 gr. d'or fin
si 1000 gr. d'or fin	coûtent 3437 fr.

2° *Envoi de Napoléons :*

Combien de francs	pour 1 dollar or
si 800 dollars or	pour 43 onces à $\frac{900}{1000}$
si 1 once	pèse gr. 31,1035
si gr. 6,450	valent 20 francs.

Pour simplifier les calculs, on peut prendre l'once comme pesant seulement gr. 31,10, ce qui ne donne qu'une différence insignifiante.

La grande difficulté, pour les envois de Napoléons, consiste à se procurer des pièces de 20 francs *lourdes* qui deviennent de plus en plus rares à cause des nombreuses exportations qui ont eu lieu dans les dernières années.

Nous avons pris cependant pour base le poids de gr. 6,450 qui est considéré comme très-avantageux pour l'exportation.

Dans le cas où la moyenne des Napoléons que l'on expédie n'atteindrait pas ce poids, il faudrait tenir compte de la différence en l'ajoutant aux frais.

Comme les Napoléons ne ressortent généralement qu'à 0,899 fin environ après la fonte et que nous avons calculé sur une moyenne de 0,900 pour simplifier nos chiffrages, on fera bien, pour ne pas avoir à subir de perte inat-

tendue, de compter aussi avec les frais sur 1 °/₀₀ de **perte de titre**.

Pour le reste, les frais sont les mêmes que ceux établis par nous pour les envois d'or en barres.

Il n'y a pas de frais de monnayage pour l'or à New-York, ce qui constitue un encouragement pour les importations de ce métal aux États-Unis.

Les frais de **fonte** à New-York sont insignifiants.

Quand les changes le permettent, il se peut que l'on trouve avantage à faire expédier de l'or de Londres, de Hollande, de Belgique ou d'Allemagne, etc., pour compte de la place de Paris.

Nous ne nous sommes occupé que des envois directs pour ne pas enlever à notre livre son caractère de *vade mecum*, car les détails que nous aurions été forcé de donner nous auraient entraîné à faire un livre beaucoup plus volumineux, ce que nous voulions éviter.

C'est surtout au moment des récoltes de blé et de coton que les États-Unis reçoivent d'Europe de grandes quantités d'or. Ces opérations sont facilitées par les fortes ventes de traites sur l'étranger qui ont lieu à cette époque à New-York et qui amènent naturellement une baisse sensible des Changes.

NEW-YORK

Américain 4 °/₀	1ᵉʳ janvier, 1ᵉʳ avril, 1ᵉʳ juillet, 1ᵉʳ octobre.
— 4 ¹/₂ °/₀	1ᵉʳ mars, 1ᵉʳ juin, 1ᵉʳ septembre, 1ᵉʳ décembre. . . . .
— 5 °/₀	1ᵉʳ février, 1ᵉʳ mai, 1ᵉʳ août, 1ᵉʳ novembre.

Envoi d'or en barres . . . .

— de Napoléons. . . . .

Parité du change sur Londres à vue . . . .

— — — à 60 jours de vue . . . .

Change sur la France à 60 jours de vue . . . .

Parité du change sur la Belgique à vue. . . . .

— — — à 60 jours de vue . . . .

— — sur l'Allemagne à vue. . . . .

— — — à 60 jours de vue. . . . .

— — sur la Hollande à vue . . . .

— — — à 60 jours de vue. . . . .

NEW-YORK

(Cours $\times$ change à vue) $\times 2$.

$3437 \times 0,48375 \times 31,1035 = $ **5,17142**, parité théorique sans frais.
$(1,075 \times 31,1035) : 6,450 = $ **5,18391**,　　　—　　　　—

Change du Londres à Paris : change du Londres à New-York.
Change du Londres à Paris : change du Londres à New-York, réduit
　à vue.
Pour réduire à vue, il faut ajouter au cours du Londres à New-York ou déduire du
Londres à Paris 60 jours au taux de la Banque d'Angleterre.

Déduire de ce cours 60 jours au taux de la Banque de France pour le
　réduire à vue.
Ajouter à ce cours la prime ou en déduire la perte sur la Belgique
　cotée à Paris.
Ajouter à ce cours la prime ou en déduire la perte sur la Belgique
　cotée à Paris et déduire ensuite du cours obtenu 60 jours au taux
　de la Banque de Belgique.
Ajouter trois mois à 4 °/₀ au cours à Paris pour l'Allemagne courte
　(cotée à 3 mois), multiplier par 4 et diviser le produit par le cours
　à New-York.
Ajouter un mois à 4 °/₀ au cours à Paris pour l'Allemagne à 60 jours
　(cotée à 3 mois), multiplier par 4 et diviser le produit par le cours
　à New-York.
Ajouter trois mois à 4 °/₀ au cours à Paris pour la Hollande courte
　(cotée à 3 mois) et diviser le chiffre trouvé par le cours à New-
　York.
Ajouter un mois à 4 °/₀ au cours à Paris pour la Hollande à 60 jours
　(cotée à 3 mois) et diviser le chiffre trouvé par le cours à New-
　York.

Chaque résultat ainsi obtenu donne le cours du Dollar à vue.

13

FIN

TABLE DES MATIÈRES

8585. — Imp. Vᵉ Ethiou-Pérou, rue Damiette, 2 et 4.

www.ingramcontent.com/pod-product-compliance
Ingram Content Group UK Ltd.
Pitfield, Milton Keynes, MK11 3LW, UK
UKHW020157130726
13696UKWH00002B/572